가득이 심리상담센터 박경은 소장의

혼자 견디는 나를 위해

가득이 심리상담센터 박경은 소장의

혼자 견디는
나를 위해

박경은 지음

"모든 건 마음먹기 달렸어."

"너는 내 마음을 그렇게도 몰라?"

우리는 마음에 따라 하루에도 수십 번씩 울었다 웃었다를 반복한다. 눈에 보이지도 않고 무엇이라 정의하기 힘든 '마음'이란 말을 우리는 자주 사용한다. 더욱이 심리상담센터를 운영하다 보니, '마음'이란 단어를 더 많이 듣고 많이 사용한다.

상담하다 보면 다양한 이야기, 다양한 삶을 만날 수 있다. 비슷한 조건일 때도 살아가는 방법은 모두 다르다. 삶이 다양하게 존재하는 이유는 무엇일까? 깊게 생각해 볼 것도 없이 마음의 차이에 있다. 그 차이에 따라 느끼는 행복도 다르다. 마음의 차이는 상(像)을 받아들이는 태도를 말한다. 인생에 365일 24시간 좋은 일만 있을 수 없다. 만약 늘 행복한 일만 있다면 행복한지도 모른 채 살아갈 것이다. 불행이 있어야 행복도 있는 법이다.

누군가 '우리가 죽기 전 행복과 불행의 총합은 제로'라고 말했다. 즉 행복과 불행이 5:5라는 의미다. 행복과 불행은 늘 함께 온다. 행복과 불행은 함께 오기에 피할 수 없으므로 그것을 받아들이는 태도가 중요한데, 받아들이는 태도를 결정하는 것 역시 마음이다.

그래서 마음의 치료와 훈련이 필요하다. 마음이 훈련되어 있다면 어떤 일이 생겨도 한층 성숙한 태도로 대응할 수 있다. 나는 그런 치료와 훈련을 도와주는 사람이다.

강의할 때 가장 먼저 하는 말이 "세상에서 가장 어려운 일이 무엇인지 아세요?"라는 질문이다.

"세상에서 가장 어려운 일은 사람이 사람의 마음을 얻는 일이란다. 각각의 얼굴만큼 다양한 각양각색의 마음에서 순간에도 수만 가지의 생각이 떠오르는데, 그 바람 같은 마음을 머물게 한다는 건 정말 어려운 거란다."

생텍쥐페리의 《어린 왕자》에 나오는 문구다. 삶을 움직이게 하고 지탱하는 모든 힘의 원동력은 '사랑'이다. 그 속에는 우리가 흔히 말하는 수만 가지의 감정이 있다. 그 사랑에는 마음이 필수다. 자기를 인정하고, 다름을 받아들이고, 진실하게 공감하고 경청하는 마음이 진정한 삶의 밑바탕이 되기 때문이다.

자신을 알아간다는 것, 그것이 어쩌면 삶의 최종 목표일 수도 있다. 가득이 심리상담센터에서는 다양한 형태로 자신에게 상처를 주는 사람의 내면치유는 물론 자아 찾기, 진로 찾기, 상담사 양성과정 프로그램 등을 운영하고 있다. 다양한 사람을 만나 공감하고 느끼고 때로는 웃고, 울었던 이야기를 이 책에 담았다.

이 책의 구성은 총 5장으로 구성되어 있다.

1장에서는 인생의 흔들림 속에서 스스로 존재 가치를 정립시킬 수 있는 방법을 소개했다. 2장에서는 자신의 내면아이와 왜 만나야 하는가와 만나는 방법에 대해 설명했다. 3장에서는 타고난 기질과 성격으로 자신과 타인 간의 갈등을 어떻게 풀어나가고, 나와 다름을 인정하는 방법을 상담사례와 함께 다루었다. 4장에서는 가장 기본 집단인 '가족'에서부터 사랑과 갈등을 받아들여 현실을 극복할 수 있는 계기를 만들고자 하였다. 마지막으로 5장에서는 '행복한 삶의 개념'을 정리함으로써 자신의 성찰 정도에 따라 행복, 삶의 의미, 목표, 방향성에 대한 신념을 정립하도록 하였다.

《혼자 견디는 나를 위해》는 자신 안에서 역동적으로 움직이는 아주 작은 변화를 위해 쓴 책이다. 요즘 '외롭다'고 표현하는 사람들이 많아졌다. 특히 혼자 있는 시간을 많이 괴로워하거나 몹시 못 견디는 사람이 늘어나고 있다. 혼자 있는 시간이 자기 탐색, 자기 성장을 할 수 있는 좋은 계기가 됨을 꼭 알아야 한다. 마음을 이야기하되 자기계발서와 같은 역할을 하여 독자의 마음에 울림이 있기를 바란다.

내 삶의 롤모델이자 끊임없는 칭찬과 격려를 주신 조선대학교병

원 장숙진 교수님과 대교 눈높이 김현화 선생님께 감사한 마음을 보낸다. 그리고 이 책이 나오도록 이끌어주신 《1인 기업이 갑이다》 등을 집필하신 위드원교육연구소 윤석일 대표님, 대전시낭송인협회 김종진 회장님, 대한노인회 대전시 류용태 사무처장님, 독서의 중요성을 일깨워준 독서포럼 〈파워나비〉 식구들, 저의 성실함과 열정을 믿고 함께 활동하시는 〈지문심리상담사 양성과정〉 선생님, 다중지능교육평가원 이영희 대표님, 그 외 관심과 사랑을 주신 많은 분들께 진심으로 감사드린다.

마지막으로 원고를 보고 흔쾌히 출간해주신 무한 출판사 임직원 분들과 평범한 가정에서 책 쓰는 일에 집중할 수 있도록 해준 든든한 기둥 남편 안광연, 엄마를 많이 사랑하고 늘 밝고 명랑하게 자라준 아들 현균, 딸 지현에게 사랑과 감사함을 이 지면을 빌려 전한다.

— 가득이 심리상담센터 대표 박경은

목차

5장 일상에서 찾는 1%의 행복

1장

나를 생각하는 밤

마음은 아프다고 말하는데

천기누설이라 할 만큼 우리 인생에는 수많은 힌트가 온다. 하지만 직관이 주는 힌트들을 외면하고 사는 경우가 많다. 정확히 말하면 외면하기보다 거부하고 사는 것이 아닌가 하는 생각이 든다.

직관은 마음을 기반으로 한다. 마음이 주는 힌트를 읽어야 삶의 힌트도 읽을 수 있다. 성공 기회에 대한 힌트를 놓치면 아쉬울 뿐이지만, 아프다고 외치는 마음의 힌트를 놓친다면 내면에 큰 상처를 남긴다.

20대 청년이 꽃을 들고 여자 친구네 집을 깜짝 방문한다. 여자는 놀란다. 기뻐서 놀란 게 아니라 당황한 놀람이다. 잠시 후 화장실에서 멋진 근육의 남자가 '허니'를 외치며 나온다. 청년은 눈치채고 나가버린다. 그날 밤 자신의 SNS에 나이트클럽이 보이게 사진을 찍고 웃는 얼굴로 〈싱글이 좋아〉라는 글을 올린다. '좋아요' 4개가 올라온다. 나이트클럽에서 밤새도록 새로운 짝을 찾기 위해 돌아다녔지만 목젖이 뚜렷하고 어깨가 넓은 여자만이 그에게 관심을 보인다. 며칠 후 SNS에 새벽안개가 있는 산 중턱에서 사진을 찍고 〈20km를 달렸다〉라는 글을 올린다. 그리고 사진 각도에 없는 자동차를 타고 내려간다. '좋아요' 10개를 받는다. 갑자기 궁금했는지 전 여자친구 SNS에 들어간다. 새로운 남자친구와 멋진 포즈가 올라온다. '좋아요' 100개가 넘는다. 여자 친구와 헤어지고 일이 손에 잡히지 않는다. 프레젠테이션도 엉망으로 끝난다. 상사는 그를 내쫓는다. 그날 저녁 웃는 얼굴로 〈내 꿈을 찾을 거야〉를 올린다. '좋아요'가 올라오지만 혼자만 볼 수 있는 폴더에 한마디 올린다. 그리고 노트북을 닫는다.

〈비참한 내 인생 힘들다.〉

SNS에 자신을 숨기고 사는 우리의 모습을 꼬집은 5분짜리 유튜브 영상이다. 이 동영상은 폭발적인 조회수를 기록했다. 마음이 주는 힌트를 철저히 외면하고 행복한 척, 잘나가는 척 살아가는 우리의 자화상이다. 남자는 위로받고 싶지만 세상은 '척'을 요구하니 그렇게 살아간다.

SNS가 보편화되면서 현실이나 자신의 마음과 상관없이 행복해 보여야 한다는 생각이 강박에 가까워지고 있다. 올해 초 모 일간지에서 성인 230명을 대상으로 'SNS에 과장해서 행복함을 표현한 적이 있는가?'라는 설문조사를 실시했다. 3명 중 1명은 행복한 마음을 과장에서 올린다고 답했다.

행복한 마음을 과장해서 올리는 이유는 '뒤처지기 싫어서(53.8%)'가 절반을 차지했다. 전문가들은 한국인들이 남들보다 즐거워야 한다는 일종의 '기쁨 스트레스'에 시달리고 있기 때문이라 설명한다. 기쁘고 행복한 삶도 일종의 스펙으로 인식되는 것이다.

행복강박증의 시작은 비교다. 비교는 외부에서 찾는 행위다. 외부로 마음을 돌리니 마음에 집중하지 못한다. 마음이 주는 힌트를 외면하고 그저 행복하게 보이기 위해 노력할 뿐이다.

마음이 아프다고 주는 힌트를 무시하고 살아온 사람은 최후에 쓰나미처럼 몰려오는 힌트들 때문에 몸살을 겪는다. 전문가를 찾아가 객관적으로 쏟아낸다면 다행이지만, 폭력과 분노로 쏟아낸다면 많은 사람들에게 상처를 준다. 상처를 주기 전 마음이 주는 힌트를 알아채는 방법을 익혀야 한다.

Y씨는 남편의 행동을 보면 답답하다. 남편이 낚시에 빠졌기 때문이다. 고가의 장비 구입은 물론, 주말이면 1박 2일, 여름휴가조차 낚시를 하러 간다. 아이들이 초등학교 때까지는 자상한 아빠였다. 주말이면 다양한 체험학습 프로그램을 함께하고 퇴근 후 아이들 숙제를 봐주었지만, 중학생이 되면서 낚시에 빠진 것이다. 아이들을 데리고

다니면 그나마 좋겠지만 혼자 다닌다. 마찰이 점점 심해지자 Y씨는 답답한 마음에 상담을 의뢰했다. 나는 남편과 함께 오라고 요청했다.

Y씨의 남편은 사람을 통해 삶의 활력을 얻기보다는 혼자만의 공간에서 사색을 하면서 살아갈 힘을 받는 사람이었다. Y씨에게 남편의 타고난 성향과 기질을 이야기하며, 보통 가장들은 참아오다가 아이들이 중학생이 되면 자신의 기질을 따라간다고 조언했다. 다행인건 Y씨 역시 자신만의 공간과 사색으로 힘을 받는 기질이었다. 둘이 함께 낚시를 가되, 기본적인 소통을 제외하고 서로가 혼자 있는 시간을 가지라고 조언했다.

Y씨 남편의 마음은 결혼 후 줄곧 아프다고 말했지만, 가장의 무게와 사회가 만든 시스템 때문에 처음에는 마음이 주는 힌트를 알아채지 못한 듯했다. 아이들이 중학교 입학 후 조금 여유가 생기자, 마음이 아프다는 힌트를 읽어내 낚시로 풀어버린 것이다. Y씨에게 낚시라도 알아서 다행일지 모른다고 말했다. 마음의 힌트를 찾지 못해 심각하게 상처를 받은 사람들은 도박이나 술 등 유흥으로 푼다고 설명했다.

마음이 주는 힌트를 정확히 읽기 위해선 전문가의 도움을 받는게 가장 좋다. 하지만 상황이 여의치 않는다면 스스로 돌아볼 필요가 있다. 힌트를 우연히 만났다면 외면하거나 남의 시선을 의식할 필요가 없다.

마음이 주는 힌트들은 다양한 것들과 함께 온다. 신호가 왔을 때 정답대로 하기 힘들다면 그 근사치에 가까운 방법으로 해결하도록 노력해보자. 다음은 마음이 아프다고 말하는 힌트를 알아채는 방법이다.

힌트 1. 몸과 함께 반응한다.

몸과 마음은 따로 놀지 않는다. 마음이 주는 힌트는 몸으로 알 수 있다. 그래서 마음이 심란하고 집중하지 못하면 몸에서 열이 나고 두통과 소화불량이 일어나는 것이다. 자신의 몸은 자신이 가장 잘 안다.

힌트 2. 같은 패턴의 문제가 과거도 발생했는지 살펴본다.

표현방식은 다르더라도 본질적으로 같은 패턴의 문제가 발생하는 경우가 있다. 힌트를 읽지 못해 계속 같은 문제가 생기는 것이다. 과거에도 같은 문제가 있었는지 생각해보자. 만약 있다면 마음이 주는 힌트로 생각하고 치유해야 한다.

내가 내 마음을 읽는다는 건 참으로 어려운 일이다. 그래서 불가 (佛家)에서 수불선사(修佛禪士)들의 첫 번째 화두가 '나는 누구인가?' 이다. 이건 수양하는 선사들에게 국한된 말이 아니다.

나를 아는 건 참으로 어려운 일이다. 하지만 이것이 어렵다고 포기한다면 내 삶의 주인공으로 살 수 없다. 마음의 힌트를 읽는다는 건 내 삶의 주인공으로 살 수 있는 첫걸음이다. 마음이 아프다고 말할 때는 다른 소리를 잠시 뒤로하고 혼자만의 공간에서 내 마음에 집중해보자.

I'm as happy as I can be.

나만의 마음 놀이터를 찾아라

누구나 나만의 놀이터를 가지고 있어야 한다. 지치고, 위로받고, 다시 시작할 힘을 주는 곳 말이다. 어떤 사람은 조용한 카페를 놀이터로 만들고, 또 다른 사람은 주인을 '이모'라 부르는 음식점을 놀이터로 만든다. 서점에서 책과 함께 노는 사람도 있다.

나만의 놀이터에 가면 긴장이 풀리고 마음을 되돌아볼 수 있다. 놀이터는 내 마음을 위한 곳이다. 자신의 신념을 재정비하고, 다른 사람의 마음을 헤아리는 것까지 가능한 마음의 안식처로 이해하면 된다. 즉 '나만의 힐링'을 하는 곳이다.

나는 마음을 자주 부메랑에 비유한다. 부메랑은 목표지점을 정확히 맞추면 다시 돌아오지 않는다. 하지만 목표지점에 빗나가면 자신에게 되돌아오게 된다. 놀이터는 부메랑(상처, 좌절, 실망감 등)으로

부터 보호받는 곳이다. 이런 곳이 누구나 하나쯤 필요한 법이다. 이런 곳이 없다면 삶은 언제 어떻게 부메랑이 날아올지 모르는 공간이 된다.

20대 후반의 Y씨가 있다. 지방에서 직장생활하다 비전이 보이지 않아 서울로 올라가 고시원에서 시험을 준비 중이다. 고시원에 대한 여러 가지 이야기를 들었기에 힘들지 않으냐고 물어보니 그는 오히려 편하다고 대답했다. 고시원이 편한 이유는 자신만의 공간을 처음 가졌기 때문이란다.

Y씨는 방 2개 있는 집에 10살 때 이사 와 17년을 살았다고 했다. 형편이 나아지지 않으니 이사는 엄두도 나지 않았다. 학창시절에는 형과 방을 함께 쓰면서 자신만의 방을 간절히 원했지만 방법이 없었다. 군대는 말할 것도 없고, 취업을 했어도 기숙사에서 동료들과 함께 방을 써 삶에서 개인 공간은 거의 없었다고 했다.

심리검사를 해보니 Y씨는 혼자 조용히 있어야 힘이 나는 사람이었다. 지금까지 얼마나 스트레스 받았을까를 생각하니 안타까운 마음이 들었다. 그에게 고시원 생활이 즐거운 건 당연했을지 모른다.

공간이란 그런 것 같다. 자신만의 공간은 온전히 자신을 만나는 곳으로 성찰과 반성할 시간을 선물한다. Y씨는 그런 공간을 찾았기에 좋은 결과가 있을 거라 생각한다. 자신만의 놀이터도 같은 개념이다. 부메랑을 피하고 스스로 힐링도 할 수 있는 곳이다.

SBS 〈세상에 이런 일이〉 프로그램에는 자신만의 놀이터가 있는 사람들이 많이 나온다. 그중 기억에 남는 사람은 매일 1시간 이상 화장실에 있는 남자다. 그는 설비 관리 일을 하는 평범한 가장으로 화장실을 독점해 가족들의 원망 아닌 원망을 듣는다. 그가 1시간 동안 화장실에서 하는 건 바로 이 닦기다.

이 닦기를 1시간 이상 하는 것이다. 쉬는 날이면 아침, 점심, 저녁 3번, 3시간을 보내는 곳이다. 이 닦는 공간은 그만의 놀이터다. 인터뷰에서 그는 이를 닦고 있으면 세상 모든 시름을 다 잊고 진정한 나를 만날 수 있다고 말했다. 그의 말을 듣고 힘들더라도 가족, 직장동료들이 그 공간을 빼앗지 않았으면 좋겠다고 생각했다.

이 닦는 공간은 온전히 나를 만나는 곳으로 그걸 빼앗으면 스트레스는 물론 다른 무언가로 공허함을 채우려 들 것이다. 일반인들은 공허함을 술과 담배 등 몸을 괴롭게 하는 것으로 달래지만 그는 이 닦기이니 긍정적인 면이 아주 많다.

마음의 놀이터에도 나름의 사용원칙이 있다. 마음이 편하다고 함부로 하면 절대 안 된다. 오히려 불편하고 상처만 남는 곳이 될 수도 있다. 그러니 기본 사용원칙을 알자.

1. 다른 사람의 놀이터를 지켜줘야 한다.

가깝다는 이유로 상대의 놀이터를 쉽게 침범하는 사람이 있다. 상처를 주는 심각한 행위이다. 내 공간이 소중하면 상대 공간도 소중하니 지켜주어라.

2. 내 개성과 기질에 따른다.

캠핑 바람이 불면 너도 나도 캠핑을 간다. 누구는 오랫동안 즐기지만 누구는 술판과 모기를 겪으며 상처만 입는다. 내일을 살아갈 힘을 받는 곳을 정하는 중요한 일을 남들 따라 한다는 건 앞뒤가 맞지 않는다. 내 개성과 기질을 따라가라.

나만의 놀이터에서는 소통, 공감, 힐링 모든 것이 가능하다. 그런 곳이라고 해도 꼭 시간과 비용이 많이 들 필요는 없다. 나의 마음, 나의 끌림이 가면 될 뿐이다. 어릴 때 다니다 그만두었던 피아노학원이나 미술학원 등도 좋은 놀이터가 될 수 있다.

놀이터는 내일을 살아갈 비타민이 되고, 나의 재능과 능력을 발휘할 수 있도록 힘을 준다. 그런 공간이 있다면 장거리 게임인 인생을 즐겁고 행복하게 보낼 수 있다.

I m as happy as I can be.

언제까지 참기만 할 것인가?

'참을 인(忍)' 세 번이면 나라를 구한다?

살다보면 여러 가지 이유로 나를 위해 혹은 남을 위해 참을 인 자를 세 번 이상 새겨야 할 때가 많다. 혼자 사는 세상이 아니기 때문에 마음 내키는 대로 전부 표현하며 살 수 없다. 하지만 마냥 감정을 억누르며 계속 참다보면, 막상 참아야 하는 순간에 참지 못하고 감정이 폭발하게 되는 경우가 있다. 안일한 생각으로 방치하여 알약 몇 알로 끝낼 수 있었던 병을 돌이킬 수 없는 상태로 키우는 것처럼 말이다.

우리 몸과 마음에 최대의 적, 스트레스도 마찬가지다. 감기 기운이 느껴질 때 더 심한 감기에 걸리지 않기 위해 약을 먹고 휴식을 취하듯, 스트레스가 더 큰 화를 부르기 전에 달래줘야 한다.

아들러의 심리학을 엮은 《미움받을 용기》의 메시지는 행복해지고 싶다면 타인의 시선에서 자유로워지고, '미움받기'를 두려워하지 말라는 것이다. 아들러는 사람들이 인간관계를 맺으며 좀 더 좋은 사람으로 보이기 위해 끊임없이 타인의 눈치를 보며 산다고 말한다. 하지만 우리의 인생이 타인에게 인정받고 잘 보이기 위해 사는 것이 아님을 알고, 이것으로부터 자유로워질 때 진정 행복한 삶을 살 수 있다고 전한다.

"남의 이목에 신경 쓰느라 현재 자신의 행복을 놓치는 실수를 범해서는 안 된다."

우리는 인간관계를 맺고 살기 때문에 인내한다. 관계 유지를 위해 혹은 다른 사람 눈치가 보여서 참기도 한다. 좋지 않은 상황 속에서도 참을 수 있는 성숙한 어른으로 보이고 싶은 마음 때문이기도 하다.

'상대가 나를 어떻게 생각할까? 좋은 사람이라고 생각해 줄까?'

매번 의식하고 눈치 보는 삶을 배려 있는 삶이라고 여기는 것은 아닌지 생각해보자.

상대가 나를 어떻게 생각할까 고민하기보다 자신의 감정을 솔직히 표현함으로써 사람들의 공감대를 이끈 사례가 있다. TV조선의 시사토크 프로그램 〈강적들〉에서 故 노무현 대통령 서거 6주년을 맞아 노 대통령을 특집으로 다뤘다. 프로그램 마지막 무렵 노 대통령의

육성과 함께 유서가 나오자 문화평론가 김갑수 씨는 참고 있던 눈물을 흘렸다. 그저 한 사람일 뿐이고, 한 나라의 대통령이었다고, 이미 죽은 사람이 계속 짓밟히고 모욕당하는 것이 굉장히 마음이 아프다며 흐느꼈다.

故 노 대통령에 대해 치열하게 토론했던 출연진들은 숙연한 모습으로 김갑수 씨의 이야기를 끝까지 경청했다. 방송을 보고 김갑수 씨의 발언과 눈물에 대해 말들이 많겠다고 생각했다. 공정성이 필요한 방송에서 그의 감정 표현은 옳지 않은 모습일 수 있기 때문이다. 하지만 방송이 끝난 후 사람들은 방송에 공정성이 없다는 목소리보다, 정치 이념을 떠나서 그 모습을 보고 함께 울었다는 목소리가 컸다.

5년 차 직장인 L. 그녀는 많은 고민 끝에 사표를 냈다. L의 퇴사 소식에 직원들은 놀랐다. 친한 입사 동기조차 L씨가 퇴사할 것이라고는 생각하지 못했다. 그녀의 회사생활에는 큰 문제가 없어 보였기 때문이다. 오히려 남들보다 편안하고 즐겁게 잘 다니는 것처럼 보였다. 성과도 좋았고 팀원들과의 관계도 원만해 YES맨으로 통했다. 그녀는 퇴사 이유도 정확히 밝히지 않은 채 조용히 회사를 나갔다. 직원들은 좋은 조건으로 이직을 하거나, 개인 사정이 있을 것이라는 추측 속에 그녀를 보내야 했다.

퇴사 후 3개월이 지나 그녀를 사석에서 만났다. 안부를 묻자 퇴사 후 마땅한 일자리를 구하지 못해 생활이 힘들다고 이야기했다. 그러면서 자신이 퇴사한 이유를 이야기했다. 그녀는 업무량이 너무 많아 매일 혼자 야근을 하고, 자정이 넘어 집에 들어가는 생활을 3년 이상 반복했다고 했다. 몸도 마음도 지쳐 참다 참다 이 생활을 더 이상 못할 것 같아서 퇴사를 결심했다고 덧붙였다.

그녀가 얼마나 많은 일을 하는지, 야근을 매일 하는지 아무도 몰랐다. 사실 그 팀에서는 추가로 직원을 채용할 계획이 있었다. 하지만 그녀에게 "힘든 점 없느냐, 일이 많지 않느냐"라고 물어도 항상 "괜찮다"고 하니 채용 계획을 뒤로 미뤘던 것이다. 그녀가 팀장에게 자신의 상황을 이야기했으면 충분히 개선될 수 있는 상황이었다. 결국 아무도 알아주지 않고 혼자 고생만 하다가 다시 일자리를 구해야 할 백수가 되어서야 그때 '참지 말고 이야기할 걸' 하며 그녀는 후회했다.

회식 때 보면 회식을 현명하게 잘 활용하는 직원들이 있다. 사무실에서 하지 못했던 이야기들을 상사 혹은 후배들과 술 한잔씩 하며 서운한 것, 바라는 것 등을 털어놓는다. 신기하게도 그런 직원은 마음에 쌓아두었다가 혼자 병 나고, 자다가 혼자 이불킥(이불을 덮고 누웠을 때 부끄러웠거나 화가 났던 기억이 떠올라 이불을 차는 현상)하는 직원보다 상사들에게 미운털도 박히지 않고, 오히려 더욱 인정받는다.

끝도 없이 참다가 정리 못한 일에는 항상 후회가 남는다. 그래서 무작정 참기보다 풀어내는 적극성이 필요하다. 계속 참다보면 마음의 병이 깊어지고 시간이 깊어지면 치유가 불가능해질 수 있다.

자신을 위해 울어본 적이 언제인지 기억나지 않는다는 사람들이 많다. 힘든 게 당연하고, 아픈 게 당연한 듯 삶을 산다. 어렸을 때부터 참는 것에 길들여졌기 때문이다. 대학에 가기 위해 고3 시절을 견디고, 대학만 가면 다 되는 줄 알았는데 취업준비를 위해 또 참고, 취업하면 한숨 돌리나 했더니 승진을 위해 더욱 치열한 세계 속에서 눈치 보며 참고, 결혼하고 나서는 자식들을 위해서 참으며 자식 눈치까지 보며 산다.

잘 참는다고 아무도 알아주지 않는다. 말해야 안다. 표현해야 안다. 강아지들도 배고프면 짖고, 스트레스 받으면 자기 집을 물고 뜯고 뒹굴며 엉망으로 만들어 놓는다. 그런데 더 많은 스트레스를 받는 우리는 참는 게 답이라고 생각하며 태연한 척 지낸다.

집 안에 쓰레기를 버리지 않고 구석구석 숨겨 놓는다고 그 쓰레기가 없어지지 않는다. 결국 쓰레기가 넘쳐흐르면 정작 중요한 물건들을 지키지 못하고, 내가 설 곳도 없어진다. 그때그때 치웠으면 될 일을 몰아서 치우려니 몇 배는 더 힘들다.

사람의 감정도 참는다고 될 일이 아니다. 언제까지 참기만 할 것인가. 우리의 감정도 상황에 맞게 달래주고, 챙겨주고, 표출해야 응어리가 지지 않는다. 가끔은 조금 덜 성숙해도 괜찮다. '어른이니까, 다 컸으니까'라는 말로 스스로 위로하고, 강하다 착각하지 말고 울고 싶을 땐 울자. 그것도 펑펑 소리 내어 나를 위해 울어보자. 표현하는 감정은 자연스럽고 건강한 것이다.

I'm as happy as I can be.

정직한 절망이 희망의 시작이다

절망은 자기 고유의 역할이 있다. 장석주 시인의 '대추 한 알' 시를 보면 절망의 역할이 무엇인지 힌트를 얻을 수 있다.

저게 저절로 붉어질 리는 없다/저 안에 태풍 몇 개/저 안에 천둥 몇 개/ 저 안에 번개 몇 개가 들어서서/붉게 익히는 것일 게다/저게 혼자 둥글어질 리는 없다

태풍, 천둥, 번개 등은 대추에게 절망이다. 하지만 절망을 잘 극복했기에 둥글고 예쁜 대추가 탄생한 것이다. 절망은 그런 것 같다. 우리를 성숙하게 만든다.

거리의 아이로 잘 알려진 최성봉 씨. 그의 책《무조건 살아, 단 한 번의 삶이니까》를 보면 자신의 절망을 정직하게 인정해 희망의 끈을

놓지 않을 수 있었음을 알 수 있다.

　3살 때 고아원에 맡겨져 5살 때 고아원에서 도망 나온 후 삶의 터전이 거리가 되면서 절망적인 인생을 살게 된다. 살아오는 내내 자신을 저주받은 아이라고 생각했고, '나는 왜 살아야 하는가?'에 대해 스스로 끊임없이 질문하며 살았다. 잊을 수도 기억할 수도 없는 길거리에서의 10년, 짙은 안개 속처럼 도무지 앞날이 보이지 않았다. 대전 동부터미널 근처 유흥가에서 껌이나 박카스 등을 팔면서 살아야 했고, 길고양이에게서 굶어 죽지 않는 방법을 배워야 했다. 주변에서 만났던 사람들은 조폭, 양아치, 마약 밀수꾼, 나이트 삐끼들이었다.

　술과 담배, 폭력으로 얼룩진 삶을 살던 그는 어느 날 나이트 뒷골목에서 아름다운 클래식 선율을 듣게 된다. 나이트 음악과 다른 따뜻하고 우아한 선율은 거리의 아이 삶을 통째로 바꾸어 놓았다. 그는 음악에 대한 강한 동경으로 야간교사 도움으로 기초생활수급자가 되어 예술 고등학교에 입학한다. 레슨비를 벌기 위해 택배 상하차 일을 하다 부상을 입기도 했다. 그래도 학업의 끈을 놓지 않고 대학에 합격했지만 다닐 수 있는 경제적인 여력이 되지 않았다. 대학 포기는 지금까지 살아온 절망과는 다른 차원의 절망이었다. 하지만 정직하게 자신의 위치를 인정하고 공사판을 전전하며 생활을 한다. 시간이 흘러 〈코리아 갓 탤런트〉에 출연하며 그의 사연이 알려진다.

지독한 절망으로 세상을 충분히 원망할 수 있었지만, 현실을 직시하고 희망을 키워가자 그렇게 기회가 온 것이다.

절망에 대처하는 법은 사람마다 다르다. 그중에는 절망적인 상황을 회피해버리고 무조건 낙관적으로 생각하는 사람도 있다. 기적이 실제로 일어난다면야 좋겠지만 일어나지 않으면 절망의 골은 깊어진다.

그렇다면 우리는 절망 앞에서 어떤 자세를 취해야 하는가? 미국 최고위 장교 짐 스톡데일(Jim Stockdale)은 베트남 전쟁 중 '하노이 힐턴' 수용소에서 8년간 포로로 지낸다. 그는 수많은 고문을 견뎌내야 했고 언제 석방될지도 알 수 없었다. 하지만 한 명이라도 더 살려내야 한다는 사명감과 반드시 풀려날 거라는 희망을 버리지 않았다. 그는 동료들 간의 소통을 위해 바닥을 두드리며 비밀 부호를 만들었다. 또 심한 고문으로 사망할 수 있기에 고문 수위에 따라 넘겨주어야 하는 정보도 사전에 알려주었다.

이런 노력에도 불구하고 죽은 사람이 나타났는데, 아이러니하게도 죽은 사람은 건강에 문제가 있는 사람이 아닌 낙관주의자들이었다.

낙관주의자들은 막연한 근거로 '크리스마스 때까진 나갈 거야'라는 희망을 품었고, 크리스마스가 지나면 다시 '부활절까지 나갈 거야'라는 희망을 품었다. 하지만 계속된 상심은 낙관주의자들을 무너지게 했다.

스톡데일을 포함해 끝까지 살아남은 사람들은 현실주의자였다. 스톡데일은 "우린 크리스마 때까지 나가지 못할 것입니다. 그에 대비하세요"라는 메시지를 보냈다. 정직한 절망이었다. 기대가 없었기에 실망도 없었다. 결국 8년이란 끔찍한 세월을 버티게 했다. 훗날 스톡데일은 연구를 통해 살아남은 사람들의 공통점을 찾아냈다.

1) 풀려날 것을 확신했다.

2) 현실을 철저하게 직시했다.

이 연구는 '희망을 품되 현실을 보자'는 의미로 '스톡데일 패러독스(Stockdale Paradox)'라고 불리게 된다. 《좋은 기업을 넘어 위대한 기업으로》의 저자 짐 콜린스는 스톡데일 패러독스에 대해 다음과 같이 말했다.

"스톡데일 패러독스는 자신의 삶을 이끄는 경우든, 다른 사람들을 이끄는 경우든 위대함을 창조하는 모든 이들의 특징이다."

불행을 고치는 약은 희망밖에 없다고 한다. 정말 맞는 말이다. 희망이 있기에 살아간다. 하지만 현실을 기반으로 하지 않은 희망은 오히려 독이 된다. 스톡데일처럼 궁극의 희망을 품되, 철저히 현실주의가 되어야 한다. 그러기 위해서는 절망 앞에 정직할 필요가 있다. 절망이 있기에 삶을 이끌어 갈 수 있는 것이다.

다시 장석주 시인의 시로 돌아가보자. 대추는 태풍, 바람, 번개를 거부하지 않았다. 힘들다고 포기했다면 대추는 나무에 떨어져 땅에서 뒹굴고 있을 것이다. 온몸으로 절망을 받아냈기에 둥근 대추가 탄생했던 것이다.

　우리나라 사람들은 다른 사람의 눈을 많이 의식한다. 문화적 차이라 보면 된다. 그래서 보이는 모습이 과장되어 있다. 이것은 독이다. 현실을 보는 눈을 흐리게 하고, 절망을 용인하지 않는 사회로 만들어 버린다. 남들의 눈을 의식하지 말자. 절망적인 상황이라면 정직하게 절망한 후 돌파구를 찾으면 될 뿐이다. 인생 앞에 흔들리지 않는 사람은 없다.

I m as happy as I can be.

다시 시작할 힘은 이미 내 안에 있다

한없이 기쁘기만 한 인생이 있을까? 없을 것이다. 반대로 한없이 슬프기만 한 인생이 있을까? 마찬가지로 없을 것이다. 그래서 누군가 '삶을 마감할 때 기쁨에서 슬픔을 빼면 제로가 된다'고 말했다.

《위대한 생각의 힘》의 작가 제임스 앨런은 '인간은 누구나 자기가 생각하는 대로 된다'고 말했다. 법정 스님은 《살아있는 것은 다 행복하다》에서 '자신의 생각이 곧 자신의 운명을 결정하게 한다'고 말했다. 제임스 앨런과 법정 스님의 말씀처럼 모든 게 우리 안에 있다면 다시 시작할 힘도 내 안에 있지 않을까?

어제는 과거다. 이미 끝나버린 일도 과거다. 후회한들 돌아오지 않는 법이다. 하지만 그때만 떠올리면 분노가 올라올 정도로 나를 괴롭힌 일이 있었다. 이미 결정이 된 상태이고 상처도 받을 만큼 받았다. '잘한 거야'라며 스스로 세뇌시켰다. 하지만 생각이 깊어질수록 죄의식, 미움, 혼돈, 책망 등은 커져만 갔다. 이미 수없이 경험했기에 지금은 마음에 여과기가 있으니 괜찮다고 생각하지만, 가끔은 아무것도 설치해 놓지 않는 것처럼 내 감정 그대로 빠져들 때가 있다.

매번 돌아보면 자신을 힘들게 하는 것은 타인이 아니고, 자신이다. 자기를 이해한다는 것은 자신의 감정을 읽을 줄 안다는 것이다. 그 감정이란 녀석은 종류도 다양해서 서로가 엉켜버리면 정말 정신없이 뒤죽박죽이 되어버린다. 자신의 감정을 이해하지 못하면 그 감정에 휩싸여 자신을 더 괴롭히게 되고, 수치심을 느끼게 된다. 또한 감정은 나름의 의미와 역할을 가지고 있어서 부정적인 감정은 자신을 무기력하게 또는 삶을 회피하게도 만들어버린다. 그만큼 감정이 자신에게 주는 의미는 크다.

혼란스러울 때 자신 안으로 들어오는 감정이 있는데, 바로 죄책감과 수치심이다. 이 두 감정은 자신이 잘못했다고 생각했을 때, 그 잘못된 행동의 원인이 자신에게 있다고 믿을 때 느끼는 감정이다. 반대로 그 원인이 다른 사람이나 외부에 있다고 믿을 때 일어나는 감정은 분노다.

죄책감과 수치심을 동시에 느끼는 사람도 있고, 죄책감을 훨씬 더 많이 느끼고 수치심은 거의 느끼지 않는 사람도 있다. 죄책감은 느끼지만 수치심을 느끼지 않는 사람은 수치심을 더 많이 느끼는 사람보다 인간관계에서 공감 능력이 뛰어나고 더 건설적으로 분노를 조절한다. 반면 수치심이 우세한 사람은 공감 능력이 부족하고 적대적이기 때문에 분노를 적절히 통제하지 못한다.

이 둘은 담당하는 역할이 다르기 때문이다. 죄책감은 자신의 잘못된 행동에 대한 후회와 그 행동을 중지하고 수정을 명령하는 역할을 하고, 그 원인을 잘못된 행동에 초점을 맞춘다. 그러나 수치심은 행동보다는 자신의 잘못된 성격에서 그 원인을 찾는다. 자신의 성격적 결함이나 자아의 약점이 잘못된 행동을 촉발했다고 믿어버리기도 한다. 그래서 죄책감은 행동에 브레이크를 걸고 교정하도록 하는 역할을 하는 반면, 수치심은 자신의 존재를 부정적으로 여기게 만든다.

수치심이 심해지면 우울증이 오고, 우울증이 심해지면 무기력해지는데, 무력감은 잘못된 행동을 사과하고 자기 통제력을 높이려는 노력 대신 현실을 포기하게 만들어 버리기도 한다. 더 자세히 보면 수치심은 자신을 부정적으로 정의하고 있을 때 쉽게 느낀다. '난 나쁜 사람이다'라고 존재 자체를 부정해버리는 오류를 범하는 것이다. 이럴 때 이 '감정'과 '나'를 분리할 수 있는 내적 에너지를 가지고 있어야 자신을 보호하고 더 이상 파괴하지 않게 된다. 그 에너지는 곧 내 안에 있는 '다시 시작할 힘'이 된다.

자신을 인정하고 받아들일 때 자신을 지킬 수 있게 된다. 내 감정이 어디에서 오는지를 이해하지 못하면 자기 부정으로 빠질 확률이 높아지기 때문이다. 이런 이유로 회복탄력성에 관한 말을 할 때 '존재 자체를 부정하게 하는 해로운 수치심을 가장 경계하라'라고 한다.

현재가 어렵더라도 미래에는 희망이 있다는 걸 느끼는 경우가 있다. 항상 그대로 멈춰있지는 않기에 살 만한 세상에서 자신의 재설계는 늘 반복적으로 이루어져야 한다.

이동섭 저자의 《반 고흐 인생수업》에서 반 고흐는 우리에게 '지금, 원하는 삶을 살고 있는가?'라는 강렬한 질문을 던진다. 괴롭고 힘든 시간을 보내면서도 빈센트는 좌절하거나 포기하지 않았다.

친구 고갱과의 갈등을 빚은 후, 분노에 찬 고흐는 왼쪽 귀를 잘라 매춘부에게 건내는 등 이상행동을 보이기 시작한다. 그 후, 고갱은 떠났고 고흐는 동생의 도움을 받아 생 레미 지방에 있는 정신병원에 입원하게 된다. 생 레미에 온 그는 조금씩 회복해가며 '별이 빛나는 밤'을 탄생시킨다. 1890년, 고흐는 병원을 나와 거처를 의사 가셰의 집 근처로 옮기게 되지만 우울증이 더 심해진다. 자살 충동을 참지 못한 고흐는 들판으로 걸어가 자신의 가슴에 총을 쏘게 되면서 37세의 젊은 나이로 생을 마감한다.

행복과 불행이 엉클어져 있는 삶이었지만, 그림에 대한 열망과 꿈은 그토록 처절한 환경에서 다시 일어나게 해주었다. 고흐는 죄책감도 수치심도 없었다. 비록 경제적 상황과 말로가 좋지 않았지만, 콤플렉스마저도 그림을 위한 힘으로 삼았다.

다시 시작할 힘은 누구나 가지고 있다. 단지 시간의 차이는 있다. 시련을 겪고 아무렇지 않게 회복하는 사람이 있는가 하면, 몇 년을 방황하고 자리 잡는 사람이 있다. 무엇이 좋다고 평가할 수는 없다.

다만 다시 시작할 때 시간을 내 편으로 만들자. 빨리 회복하란 말이 아니다. 그 시간을 헛되이 보내지 말고 내실을 다지는데 쓰라는 의미다. 건강을 돌아보고, 가족을 돌보며, 독서와 사색을 통해 긍정의 에너지를 만들어보자.

자연 예방의학을 전공한 의사 말로 모건은 《무탄트 메시지》에서 "삶을 되돌아보면 실수를 하거나 잘못된 선택을 한 것처럼 보이는 경우가 있다. 하지만 어떤 차원에서 보면 그 당시로는 그것이 최선의 행동이었을 것이다. 지금 어떠한 일이 당신의 선택을 기다린다 해도 자신이 옳다고 생각하는 그것을 하라"고 했다.

최선을 다했지만 결과는 여러 가지 요소가 겹쳐져 만든 것이다. 자신을 힘들게 하는 부정적인 요소를 내려놓고, 내 안에 있는 다시 시작할 힘이 흔들리지 않는 중심이 되도록 만들자.

I'm as happy as I can be.

06
그저 살려고만 태어난 게 아니다

지역방송 채널에서 훈훈한 소식을 본 적이 있었다. 동네에서 '할머니 천사'라고 불리는 할머니는 젊은 시절 동네 어려운 이웃은 물론 기차역 근처 노숙자들을 위해 무료급식을 적극 도왔다고 한다. 그러나 남을 돕는 일에만 앞장서다 보니 정작 자신은 이사를 가거나 집을 새로 인테리어할 여력이 없었다. 사연을 알게 된 동네주민들은 십시일반 돈을 모았고, 평생 봉사하며 산 할머니를 위해 새로 집을 지어 주었다. 그 집 마당은 동네사람들이 모여 커피나 옥수수를 나눠 먹는 사랑방이 되어 할머니는 외로울 틈도 없이 행복한 시간을 보내고 있다.

방송은 집 짓는데 도움을 준 이웃들을 인터뷰했다. 그중에서 어느 아주머니의 말이 참으로 가슴에 와 닿았다.

"나는 할 줄 아는 게 밥밖에 없어요. 그래서 일하는 분들께 밥을 맛있게 해주었지요."

할 줄 아는 게 밥밖에 없다며 웃는 아주머니를 보고 세상에 나눌 것이 참으로 많다는 생각이 들었다. 동네 사람들 중 건축기술자들은 기술을 나누었고, 복지공무원은 행정 업무를 도왔고, 철물점 아저씨는 공구를 무료로 대여해 주었다. 그리고 방송국 사람들은 훈훈한 소식을 전파했다. 각자 위치에서 최선을 다하는 모습에 나도 웃음이 절로 나왔다.

세상에 가장 재미있는 구경이 '사람 구경'이라 한다. 사람 구경이 재미있는 건 저마다 살아가는 모습이 다르기 때문이다. 할머니를 위해 집을 지어주는데 저마다 역할이 있어 각자의 이야기로 풀어내니 자연스레 사람 구경이 되었다.

사람 100명이 모이면 100개의 다른 이야기가 나온다. 같은 상황에서도 사람마다 다르게 해석하고 다르게 행동한다. 거기에 따른 결과도 다르다. 이 모습을 제3자의 눈으로 보는 건 참으로 재미있다. 그런데 사람을 지켜볼 때마다 문득 스쳐 지나가는 생각이 있다. 누구나 그저 살려고만 태어난 게 아니라는 사실이다.

지독히 안 풀리는 지인이 있었다. 자수성가까지 했지만 사업 부도에 이어 이혼, 형제 간의 재산 싸움, 건강 악화 등 자서전을 쓴다면

10권은 족히 될 사람이다. 그의 번호가 휴대폰에 뜨면 나도 모르게 심장이 뛰었다. 혹시 극단적인 선택을 하기 전에 나에게 전화를 한 것은 아닐까, 범죄를 저질러서 꺼내달라고 전화한 것은 아닐까 등등 복합적인 생각으로 전화를 받았다. 다행히 술 한잔하고 답답한 마음으로 전화할 때가 많았다. 전화가 오면 나는 그저 듣기만 한다. 해줄 수 있는 건 들어주는 것뿐이다.

어느 날 전화가 울렸다. 또 걱정에 심장이 뛰었다. 그는 두 달 전 노점을 할 때 어느 빌딩에서 들려오는 웃음소리를 듣고 자신도 모르게 건물 안에 들어가 보았다고 했다. 그곳은 웃음치료사를 양성하는 학원이었다. 지금은 실업자 환급 과정으로 등록해 지금은 웃음치료사를 준비하고 있다고 했다.

"축하해요. 잘됐네요."

며칠 후 첫 웃음치료 강의를 노인정으로 간다고 전화가 왔다. 확실히 목소리에서 강한 힘이 느껴졌다. 무료봉사가 많지만 곧 돈을 받고 정식으로 강의를 나간다고 이야기했다. 그렇게 1년이 흘러 상담센터 근처를 지나간다는 말에 반가운 마음으로 그를 만났다.

그는 묵직한 가방에 웃는 얼굴 그리고 여유 있는 발걸음을 하고 있었다. 가방 안에는 반짝이 옷, 웃음치료에 필요한 도구들, 마술재료가 가득했다. 밥을 먹으며 나를 웃겨주기 위해 애를 쓰는 모습에 더 웃음이 났다. 최근에는 군청에서 지원하는 '어르신 웃음치료' 일도 하고 있다고 한다.

지인이 굴곡진 삶을 희극으로 풀어내는 모습은 즐거운 사람 구경이었다. 그리고 사람에게는 저마다 역할이 있다고 생각했다. 지인은 자기 역할을 찾았고 최선을 다해 살고 있다.

그저 살려고만 태어났다면 참으로 재미없는 인생일지 모른다. 각자에게 주어진 삶의 몫이 있다. 어디에선 그걸 '소명의식(召命意識)'이라 부르고, 어디에선 '팔자(八字)', 어디에선 '업(業)', 어디에선 '근무(勤務)'라 부른다. 모두가 자기 몫이 있고 그것을 향해 달려가는 것이다.

또래에 비해 일찍 결혼한 20대 중반 K씨가 있다. 임신 7개월 차가 되면 졸음이 쏟아진다. K씨도 졸음을 참을 수 없어 낮잠을 자고 있는데 취업한 친구에게 전화가 온 것이다.

"잘 지내? 뭐하고 있었어?"

"낮잠 좀 자고 있었어."

"팔자 한번 좋다."

친구는 아무 생각 없이 던진 말인데, 그 말을 듣고 잠시 멍해지더니 눈물이 왈칵 쏟아졌다고 한다. 주부도 역할이 있고 곧 태어날 생명의 엄마로 준비하고 있는데, 세상은 자기를 한가하게 낮잠 자는 사람으로 보고 있다고 느낀 것이다. 그녀는 독기를 품었다. 그리고 출산 후 인생 플랜을 잤다. 잘나가는 워킹맘을 꿈꾼 것이다.

어린이집과 친정에 아이를 맡기고 1인 기업으로 전환했다. 잘나 갔으면 좋았겠지만 사회 경력이 전무하고, 심성이 여리고 착해 사업 하기에는 한계가 있었다. 남편도 인내심 있게 기다리지 못했다.

이런 상황에서 나를 만났다. 친구 말 한마디 상처 때문에 오기 하나로 사업을 시작했으니 어려운 건 당연했다. 우선 전업주부를 하며 후일을 도모하고 진정으로 사업을 하고 싶은 이유를 설정하라고 조언했다.

전업주부도 절대로 아무나 하는 게 아니다. 미국 어느 남자가 전업주부 일을 연봉으로 따져 화제가 되었다. 아내의 연봉은 8000만 원이었다. 우리나라에서는 3400만 원(모 홈쇼핑 자체 조사, 2010년)으로 나왔다. 생산성을 올리는 휴식 제공, 마음의 안정 등 돈으로 환산할 수 없는 것까지 포함하면 전업주부는 어느 대기업 과장 못지않는 연봉만큼의 일을 해내는 사람이다.

그녀의 몫은 전업주부일지 사업가일지 아무도 모른다. 하지만 그저 살려고 태어난 인생이 아니다. 나름의 몫이 있고 그녀는 그것을 해낼 것이다.

수많은 인생이 살아가는 세상에 누구나 흔들릴 수밖에 없다. 더욱이 자존심을 건드리는 일이 터진다면 자신의 몫을 망각한 채 무작정 덤비는 경우가 있다. 위험한 행동이고 자신의 소명을 버리는 일이다.

당신은 그저 살려고만 태어난 사람이 아니다. 각자에게 주어진 '그 무엇'이 있다. 그것은 흔들릴 일이 많은 세상에 중심을 잡아주는 축이 된다. 각자의 몫을 알고 세상에 주어진 몫을 발휘하는 지혜가 필요하다. 주어진 몫이 무엇인지 진지하게 생각해보자.

I'm as happy as I can be.

07

상처는 시간이 치료해주지 않는다

시간이 해결해 주는 건 참으로 많다. 직장에서든, 사회에서든 실수를 했을 때 해명보다 시간이 해결사가 되어 주기도 한다. 이런 이유로 작가 정진호는 《일개미의 반란》에서 실수했을 때 오버하지 말고 가만히 있으면 시간이 99%를 해결해 준다고 말했다. 또한 실수했을 때 자기를 힘들게 하는 것은 좋지 않으며 부딪혀서 힘들면 시간에 맡겨두는 것이 좋다고 조언한다.

관계의 문제에 있어서도 시간은 도움이 된다. 남녀 간의 이별도 시간이 어느 정도 지나면 그 자리에 새로운 사람으로 채워짐으로 해결되고, 부모에 대한 원망도 시간이 흘러 내가 부모가 되면 그 마음이 조금씩 이해가 되면서 해결되어 간다.

그렇다면 시간이 정말 모든 것을 해결해주는 걸까? 아니다. 특히 상처는 시간이 치료해주지 않는다. 그래서 상처를 입었을 때 그것을 치료할 수 있는 자신만의 방법을 만들어 놓는 것이 중요하다.

오랜 세월이 흘러 연륜이 쌓이면서 삶의 여유로움과 함께 마음이 넓어져 자가치유가 되는 경우도 있지만, 시간이 흐를수록 더 파고드는 경우도 많다. '시간이 약'이라고들 하지만 10년 전 상처를 붙잡고 지금까지도 담을 쌓고 사는 사람들은 어떻게 설명할 것인가?

어떤 상처에 대해 자주 이야기한다는 의미는 아직도 미해결된 상태라는 뜻이다. 상처가 크면 클수록 그 흉터는 크게 남는다. 흉터는 성형수술해서 덮을 수 있지만 그 흔적은 완전히 없어지지 않는다. 때문에 마음의 상처는 어떠한 방법으로든 치유를 받아야 한다. 위로를 받거나, 상담을 통해 자신을 들여다보게 하는 '내면 성찰' 과정이 꼭 필요하다. 마음은 보이지 않기 때문에 자꾸 감추려고만 한다. 더 보이지 않는 마음은 동굴의 깊은 곳까지 가버리는 경우도 있다. 골이 깊으면 그 끝은 복수만이 남게 된다.

세월로도 극복하지 못하는 상처가 깊어지면 복수를 결심하는 건 당연한 일이다. 영장류 학자 프란스 드발은 복수심에 대해 이렇게 이야기한다.

"자신에게 해를 끼친 사람에게 좋지 않은 감정을 품는 것은 보편적이며, 여기서 쌓인 감정이 원수를 갚는 등의 행동으로 나타나게 된다."

세월과 상관없이 복수심을 품는 건 인류 보편적인 성향이라는 말이다. 복수하는 게 인류에게만 나타는 특성일까? 〈낙타의 참혹한 복수 이야기〉를 보자. 낙타가 길을 잘못 들어섰다가 열네 살짜리 소년에게 심하게 맞았다. 낙타는 묵묵히 그 처벌을 참아내야만 했다. 며칠 후 소년을 태우고 길을 나선 낙타는 인적이 드문 한적한 곳에 이르자 소년의 머리를 물고 하늘 높이 올렸다가 사정없이 바닥에 내동댕이쳤다. 소년의 두개골은 형체를 분간하기 어려울 정도였다는 일화다.

한국 고전소설《장화홍련》과 셰익스피어의 4대 비극 중 하나인《햄릿》의 공통점은 원한을 품고 억울하게 죽은 이의 영혼이 산 사람 앞에 나타나 복수를 하는 것이다. 덴마크 왕자 햄릿의 아버지는 자신의 동생 클라우디우스에게 암살당하고, 장화와 홍련 자매는 계모의 학대와 계모 소생 남동생들의 계략에 빠져 차례로 연못에 몸을 던지면서 원한을 품게 된다.

마음의 상처를 심하게 받았지만 적절한 치유가 없어 복수극으로 이어지는 사례는 오늘날에도 너무나 많다. 부모와 자식 간의 칼부림 사건, 애절한 사랑으로 시작된 남녀의 살인·폭력 사건, 믿음으로 시작된 고용인과 피고용인 간의 고소 고발 사건 등. 많은 사건들이 무심코 던진 말, 상대를 배려하지 않은 행동에서 시작된다.

마음에 상처가 생겼다면 어떻게 해야 하는가? 내 정신건강에는 홀홀 털어버리고, 스스로 치료자가 되어 생각의 관점을 바꾸는 것이 가장 좋다. 그러면 행동이 바뀌고, 거기에서 오는 안정감을 느낄수 있다. 기후와 환경에 따라 기분이 좋았다가 갑자기 우울해지는경우도 있는데, 그럴 때는 거울을 보고 웃는 연습, 좋아하는 음악감상, 영화 감상 등으로 전환점을 찾아보자.

심리적인 자유에서 진정한 행복을 찾을 수 있다. 그 자유는 진정한 용서와 진정한 자기성찰을 통해 얻을 수 있다. 장단점을 가진 자신의 모습을 그대로 인정하다 보면 타인에 대한 너그러움도 생긴다. 물론 용서가 쉬운 일은 아니다. 고슴도치를 껴안는 것처럼 고통과 희생이 따른다. 하지만 자신이 자유로워지려면 용서를 선택할수밖에 없다. 용서는 강자가 하는 것이며, 내가 편해지기 위해 하는것이다. 시간만 믿지 말자. 나를 위해 용서하고 나를 위해 먼저 사과하자.

I m as happy as I can be.

Q 소장님, 내 고민을 말하기가 사실 창피합니다.

A 어떤 고민이든 다른 사람에게 말하기까지는 어려움이 있습니다. 하지만 쌓이기만 하면 마음의 병이 됩니다. 고민을 이야기했을 때 창피하다고 느끼는 데는 여러 가지 원인이 있습니다. 어쩔 때는 이런 걸로 고민하는 자신이 창피해 숨고 싶을 때도 있지요.

자존심도 상하고, 내가 이런 일로 이렇게 고민하는 것을 다른 사람에게 들키고 싶지도 않고, 괜히 말해서 나에 대한 편견이 생기지 않을까 걱정도 될 것입니다.

그러나 사람의 본성은 같습니다. 사람마다 기질과 성격이 달라 감정 표현의 정도와 방식이 다릅니다. 그것에서 오는 차이일 뿐입니다. 고민에 수준 높은 고민과 수준 낮은 고민은 없습니다. 이런 걸로 고민하는 자신을 상대방이 볼 때 '이런 사람이었나?' 하고 생각하는 것에 대한 두려움입니다. 결국 자신에게 전혀 도움이 되지 않는 생각들입니다.

자신의 고민을 말함으로써 편해질 수 있다면 그 뒤에 오는 감정은 생각하지 마세요. 전혀 자신에게 도움이 되지 않습니다. 정말 창피하다면 평소 인격적으로 존경하는 분이나 전문가와 상담하시는 것도 많은 도움이 될 수 있습니다.

2장
인생의 차이는
혼자 있는 시간에 달렸다

평생 살아도 나는 나를 모른다

한 번쯤 '나는 누구인가?', '어떻게 살 것인가?', 또 '어떻게 죽을 것인가?'라는 질문도 던져보고 답도 찾아보았을 것이다. 이 물음에 절실히 답을 찾기 위해 '인간'을 탐구하고 '인생'을 공부할 수도 있고, 깊은 고민 없이 그저 현실에 충실하게 살 수도 있다. 정답은 없다. 스스로를 단단하게 만들고 각자에게 맞는 답을 찾으면 된다.

하지만 답을 찾기 위한 노력과 상관없이 자신을 부정하며 사는 시간도 있다. 학생들을 상담하다가 "넌 참 마음도 여리고 착한데 자기 감정 표현은 못하고 있구나"라고 말을 하면 "아니에요. 표현 잘하는데요"라고 말한다. 그럼 주변 친구들이 "아니야, 너 표현 안 하잖아"라고 아우성을 친다. 자신이 인정하고 싶지 않은 것이다. 사실 자신이 모르는 자신이기도 하다. 더 솔직한 표현으로 받아들이고 싶지 않은 자신의 모습이기도 하다. 그 모습까지도 받아들여야 진정한 자신의 모습을 볼 수 있기 때문에 종합적으로 조합해 보기 전까지 자신에 대해 모르는 사람이 많다. 나와 평생을 살아도 말이다.

30대 아들과 50대 엄마가 상담을 받으러 왔다. 아들은 이미 결혼도 하고 아이가 있는 상태인데 엄마의 요청으로 상담을 받은 것이다. 엄마는 아들이 결혼까지 했으면서도 자기 것을 챙기지 못한다고 답답해했다. 들지 않아도 되는 보험을 수십 가지나 들고, 친구 부탁이면 여기저기 불려다니며 봉사활동을 했다. 적당히 해야 하는데 과한 게 탈이었다.

50대 엄마에게 양육 시절 이야기를 해달라고 했다. 아들은 어릴 때부터 있는 그대로 흡수해서 공부도 제법 잘했고 낙천적인 성격이라 속을 썩이지 않았다고 했다. 문제는 남 부탁이면 무조건 들어주는 것이었는데, 병아리가 불쌍해 20마리를 사오거나 친구들에게 돈을 많이 빌려 주는 식이었다고 한다. 아들은 그게 불쌍한 사람, 안타까운 사람 도와주는 게 좋은 일인데 무슨 문제냐며 따졌다.

엄마와의 상담이 이어졌다. 엄마는 사회성이 높아 감정 표현을 잘하지만 실속을 추구하는 유형이었다. 이제야 이해가 갔다. 아들은 본인이 실속을 차리기보다 나눠주고, 오지랖이 넓은 조력 유형이었다. 성격 유형에 따른 차이다. 30년을 같이 살고 어릴 적 모든 걸 지켜본 모자 관계라도 서로를 모른다. 나 자신이 어떤 유형의 사람인지도 잘 모르기 때문이다.

사람들과 소통하다 보면 무의식 속에 모든 사람들이 나를 좋아하길 원하는 사람이 많다. '아니에요'라고 입으로 토해내지만, 인간의 본성인 사랑받고 싶은 욕구는 누구에게나 자리하고 있는 걸 볼 수 있다. 모든 사람이 나를 좋아할 수는 없다. 나를 좋아하지 않는 사람들에게 쏟는 에너지를 나를 좋아하는 사람들을 더 챙기며 살아가는 것이 가장 현명하다. 그러기 위해선 자신을 먼저 알아야 한다.

가족은 가장 기본적인 사회집단이다. 그만큼 부모에게 배우는 모든 행동 양상은 행동뿐만 아니라 정서에도 많은 영향을 준다. "나는 커서 엄마처럼 되지 않을 거야"라고 말하지만, 막상 결혼하여 엄마가 되면 어느새 자신이 싫어했던 엄마의 행동을 하고 있는 것을 보고 놀라게 된다. 그것을 '대물림'이라 한다. 대물림이 싫다면 자기탐색을 하고, 자기점검을 매일 해야 한다. 결국 '자신을 얼마나 아는가?'부터 시작되어야 한다.

평생을 함께 살아도 자신을 안다는 건 무척이나 어려운 일이다. 자신을 알기 위해선 자신을 아이 시절로 돌려놓고 깊은 성찰과 환경 등 복합적인 요인을 꼼꼼히 생각해 보아야 한다. 이런 수고를 덜기 위해 기질검사, 심리검사가 있는 것이다. 하지만 검사가 첨단화되어도 똑같은 삶을 살지 않으면 100% 이해하는 건 불가능하다.

그래서 어떤 일이나 문제가 발생했을 때는 먼저 자신을 돌아보고 성찰하는 게 가장 큰 도움이 된다. 성찰하지 않고는 반성이 없다. 반성하지 않으면 자신이 누군지도 모르고 살아간다. 그래서 자신이 무엇을 잘하고 좋아하는지 몰라 시도도 못하고 살아간다.

내 안에는 나만의 어린아이가 있다. 이 아이와 만나는 건 두려운 일이다. 어쩌면 치부를 드러내는 일이기도 하다. 하지만 모든 일이 그러하듯 바닥을 쳐야 올라갈 수 있다. 두려워하지 말고 바닥까지 내려가 보자. 남은 일은 장점을 극대화하고 단점을 보강하는 일뿐이다. 우리 안에 마음속 아이와 만나자.

I m as happy as I can be.

조금씩 바뀌는 나를 사랑하자

급속한 변화는 스트레스를 동반한다. 또한 부자연스러워서 보는 사람도 불안하게 만든다. 무엇이든 자연스러운 것이 좋다. 문제는 세상이, 상사가, 부모가 자연스럽게 변화하는 시간을 용인해주지 않는다는 것이다. 가끔 TV에서 영재교육을 받다 삐뚤어진 아이들 이야기나 아역배우였다가 약물중독에 빠진 사람들의 이야기를 볼 때마다 제대로 된 숙성 시간을 갖지 못해 그렇게 된 것 같아 슬프기도 하다.

우리 안에 숨어 있는 내면아이를 발견하고 변화시키는 것 역시 자연스럽게 되어야 한다. 그래서 조금씩 바뀌는 나를 사랑해야 한다. 그것이 아주 사소하고 눈에 보이지 않을지라도 말이다.

벚꽃이 한창인 봄날 평범한 직장인이 상담을 의뢰했다. 오전에 업무 스트레스를 심하게 받고 점심을 먹기 위해 회사 식당에서 줄을 서서 기다리는데 도저히 못 기다리겠더란다. 그 길로 뛰쳐나와 차를 몰고 집에 왔다고 했다. 무단 조퇴였다. 이야기를 들어보니 과거에도 기다림을 지독히 싫어했다고 했다. 기다림의 스트레스가 상상을 초월한 셈이다.

"고등학교 시절 만족지연 능력이 떨어진다는 진단을 받고 참는 연습을 했지만 잘되지 않았습니다. 기다리지 못해 이만저만 손해를 많이 본 게 아니에요. 일도 빨리 해치우지 못하면 스트레스를 받고, 부하직원들도 제 성격을 아니까 모두 두려워합니다."

원인을 찾아보니 부모에게 받은 상처였기 때문이었다. 자영업을 했던 부모는 그를 돌볼 시간이 없었고, 마감 때가 되면 '빨리빨리'가 입에 붙어 있었다. 또한 빨리 끝내면 돈을 버는 것이라고 좋아하는 부모의 모습이 깊이 각인된 탓도 있었다.

진단이 나오자 해결책을 찾기 시작했다. 우선 기다리지 못해 본 손해 리스트를 작성하게 한 뒤 거기에 대해 자세히 이야기해달라고 했다. 부정적인 기억을 끄집어냈다. 금액적 손해는 물론 애인도 떠나갔고, 인간관계도 엉망이 된 이야기를 했다.

"기다림을 참지 못할 때마다 그 부정적인 기억을 떠올려보세요."

그는 내 말에 의아해했다. 나 역시 극약 처방을 내린 것이다. 부정적인 기억이 많았던 터라 기억을 살려내는 건 쉬웠다. 기다리지 못해 안절부절못할 때 기억을 끄집어내 만족지연을 시켰다.

며칠 후 효과가 있었는지 전화가 왔다. 완전히 치료되지 않았지만 기억을 끄집어내서 손해본 걸 계산해보니 참아야겠다는 생각이 들었다는 것이다. 서서히 치료가 되고 있었다.

일본 정신과 의사 오카다 타카시의 저서 《나만 모르는 내 성격》에서 '경계성 성격장애를 가진 사람에게 동정은 절대 금물'이라고 말한다. 스스로 자신을 지켜내지 못할 때 끝도 없이 추락하는 경우가 많기 때문이다. 특히 '빨리빨리'를 입에 달고 살거나 그것 때문에 스스로 괴로움을 만들어내는 유형이 그렇다. 결국 자신을 변화시키는 것은 자신밖에 없으므로 스스로 극복할 수 있는 힘을 길러야 한다.

〈인디언 말 타기〉라는 그림이 있다. 인디언이 달리는 말 위에서 뒤를 보고 있다. 단순한 그림 같지만 의미는 크다. 인디언이 뒤를 보는 이유는 영혼이 잘 따라오는지 보기 위해서다. 즉 영혼에게 시간을 준다는 의미다.

인디언의 말 타기 지혜는 수천 년 전 것이지만 현대인에게 그대로 적용된다. 어쩌면 빠른 성공과 빠른 성과를 예찬하는 시대에서 사는 현대인에게 더욱 필요한 지혜이다. 영혼이 따라오는 시간을 주지 않아 회복 불가능 상태로 전락하거나 극단적인 선택을 하는 경우를 많이 본다.

내면이 변화하는 데에 시간을 주지 않으면 고역이 된다. 몸과 마음에서 거부반응이 일어나는데 속도에 빠져서 변화하려 든다면 피곤함만 더 늘어날 뿐이다. 인디언의 말 타기 지혜를 기억하고 천천히 변화하는 자신을 사랑하자. 자연스럽게 변화된다면 습관이 되어 의식하지 않아도 변화된 자신을 만날 수 있다.

조금씩 그리고 꾸준히 바뀌는 사람들은 다음과 같은 공통점이 있다.

1. 보상에 인색함이 없다.

보상의 힘은 누구나 알고 있다. 하지만 보상이 인색하면 큰 감흥이 없다. 보상에 인색하지 말고 제대로 보상하자. 지인 중에는 괴팍한 성격을 변화시킨 자신에게 한 달 수입의 절반 금액을 한 끼 식사로 선물한 지인이 있다. 남들이 뭐라 하든 괴팍한 성격으로 더 큰 사고를 방지했으니 이 정도는 사줘야 한다고 했다. 나는 칭찬했다. 그리고 다음에는 더 좋은 것을 사먹으라고 조언했다.

2. 변화 기준을 타인이 아닌 자신에 맞춘다.

남들이 3개월 걸렸다면 자신도 3개월 걸려야 한다고 생각하는 사람이 있다. 조금씩 바뀌는 걸 용납하지 않는다. 남에게 뒤처지면 안

된다는 생각이 강하다. 변화의 기준을 자신에게 맞춰라. 속도의 기준을 타인이 아닌 자신에게 맞춘다면 흔들리지 않는다.

모든 일에는 숙성시간이 필요하다. 변화는 자연스럽게 녹이는 것이다. 그러니 천천히 바뀌는 자신을 사랑하고 격려하자.

행동은 자아상과 깊은 관련이 있다. 자신을 사랑할 줄 모르는 사람은 남도 사랑할 수 없다. 자신을 사랑해야 한다. 있는 그대로를 사랑하며, 자신의 내면을 들여다보고 자기 점검을 늘 해야 한다.

아침마다 거울을 보듯이, 자신의 내면을 보면서 자신과 대화하는 훈련이 필요하다. 그것이 곧 자신과 만나는 길이다. 다른 사람을 자신의 마음대로 바꾸려 하고, 지배하고자 하는 욕구는 자존감 부족에서 오는 역반응이라고 볼 수 있다. 특히 '내면아이'와의 만남이 두려운 데서 오는 불안감으로도 볼 수 있다.

세상에 완벽한 사람은 없다. 그렇기에 함께 살아가는 것이다. 자신이 무조건 옳다고 우기는 치기 어린 행동을 하고 있지 않나 생각해보자. 자신을 어떻게 보고 있느냐, 자신을 어떻게 느끼느냐에 따라 성공의 크기가 달라진다.

자신을 바라보고 직면하는 일은 누구에게나 어렵다. 하지만 그 힘든 과정을 통해서만이 얻어지는 희열감은 말로 표현할 수 없을 만큼 크다. 나 자신은 '평생 함께 가는 친구다'라고 여기면 지금보다 훨씬 더 쉽게 마음의 평온을 가져올 수 있고, 넘어지는 횟수도 적을 것이다.

I'm as happy as I can be.

철부지에게 긍정의 감정을 주자

"감정도 습관입니다. 누구나 결점이 그리 많지는 않습니다. 결점이 여러 가지인 것으로 보이지만 근원은 하나입니다. 한 가지 나쁜 버릇을 고치면 다른 버릇도 고쳐집니다. 반대로 한 가지 나쁜 버릇은 열 가지 나쁜 버릇을 만들어낸다는 것을 잊지 마세요."

강의를 나가 감정에 대해 설명할 때 쓰는 말이다. 습관에 따라 우리의 운명은 천차만별 변화된다. 감정도 습관이다. 좋은 감정을 만드는 습관을 들이면 인생은 크게 달라질 수 있다.

생활 속에서 반복되는 감정을 '감정습관'이라고 한다. 걱정, 경멸, 경악, 고뇌, 공포, 기대, 당황, 고마움, 갈등, 불신, 상처, 부정, 기쁨, 행복, 슬픔, 우울, 불안, 초조, 두려움, 만족, 실망, 욕망, 좌절, 죄책감, 짜증, 질투, 증오, 향수, 회의, 희망 등 아주 미묘한 느낌까지 다 포함된다. 반복되는 감정에 익숙해지면 내적 에너지는 그것을 그대로 유지하려고 든다. 그것이 긍정이든 부정이든 상관없이 말이다.

항상 인상을 찌푸리고 돌아다녀서 '투덜이', '인상파'와 같은 별명을 가진 사람들이 있는데, 이것은 감정의 내면화가 되었기 때문이다. 내면화(Internalization, 內面化)란 여러 감정 중 특정한 상황에서 감정의 기능이 멈추어서 아예 성격 자체로 굳어져 버리는 것인데, 부끄럽고 어렵겠지만 내면아이와 만나서 자신을 직면하는 마음의 훈련을 해야 스스로 발전해 나갈 수 있다.

또한 내가 가진 감정과 거기에 따른 만족 욕구를 어느 정도는 인정해 주고 채워주어야 한다. 즉 자신에게 간단한 보상을 해주어야 한다. 내가 좋아하는 일이나 재미를 느끼는 취미에 시간을 할애하라. 자신을 몰아붙이지만 말고 칭찬해주고 격려해주어라. 또한 주위를 둘러보라. 누구에게나 소소한 행복이 있다. 감사하고자 하면, 일상의 모든 일이 감사가 되고 행복하고자 하면 행복을 느끼게 된다. 작은 행복과 작은 즐거움의 소중한 가치를 잊지 말아야 한다. 이것이 철부지 내면아이에게 긍정의 감정을 주는 방법이다.

그렇다면 내면아이란 무엇인가? 포괄적인 의미는 '무의식에 저장된 모든 기억과 정보'이고, 구체적인 의미는 '상처받은 기억 속에 존재하는 자신의 모습'이다. 내면아이는 누구에게나 있다. 단, 자신과 자주 만나는 사람과 그 만남을 거부하는 사람으로 나뉜다.

누구에게나 사랑의 결핍은 있다. 그 종류는 사람마다 다르지만, 결핍의 양에 따라 자신을 괴롭히는 정도는 차이가 크다. 결핍이 많은 사람은 상처가 치유되는 과정이 오래 걸리기도 하고, 자신과의 만남도 오래 걸린다.

감정이 서로 뒤엉켰을 때는 그 가운데 중심을 잡기 위한 집중력, 어느 것이 옳은지 선택하는 분별력, 선택한 생각을 포기하지 않는 의지력이 필요하다. 하지만 자신조차도 통제하지 못하는 감정의 종류의 것이라면 빨리 버리고, 새로운 긍정의 감정을 받아들이도록 해야 한다. 만족과 감사의 습관화는 자신에게 강력한 힘이 되어줄 것이다.

I m as happy as I can be.

누구나 피할 수 없는 자기 몫이 있다

"가장 훌륭한 노래를 하는 새들만 지저귄다면 그 숲은 얼마나 적막할 것인가?"

시인이자 교수인 핸리 반 다이크의 말이다. 정말 그런 것 같다. 노래를 잘하는 새들만 모인 숲은 적막함을 넘어 전쟁터 같을 것이다. 각자의 잘난 재능을 뽐내다보니, 치열할 것이다. 노래를 못하는 새들도 나름의 몫이 있기에 숲은 적막하지 않는 법이다.

숲에 있는 나무도 마찬가지이다. 숲은 아름답지 않는 나무가 지킨다고 하지 않는가. 모든 나무가 아름답다면 사람들이 다 뽑아 갔을 것이다. 노래 못하는 새나, 아름답지 않는 나무나 각자의 몫이 있는 법이다. 삶도 이와 마찬가지가 아닐까? 누구나 나름의 몫이 있다. 모두가 행복과 기쁨이 넘치면 좋겠지만 그렇지 않은 게 우리의 인생이다.

살면서 아프지 않는 것은 없다. 무언가 변화하기 위해서는 고통이 수반된다. 나비가 되려면 알 → 애벌레 → 번데기 → 성충의 과정을 거쳐야 한다. 어느 것도 쉽게 이루어지는 것은 없다. 삶에는 즐거움도 많지만, 고난도 많다. 한때는 '고난이 축복이다'란 말을 가슴에 새기며 몇 년을 지낸 경험도 있다. 결론은 '결국 인생은 아프다'였다.

아픔을 넘어 아우성이라고 표현하면 더 가까울지도 모른다. 유치환 시인의 시 〈깃발〉에 나오는 '이것은 소리 없는 아우성'이란 문장을 보고 우리 삶이 그렇다고 느꼈다.

가끔은 견디기 힘들고 온통 먹구름만 있는 날이 있다. 그런 날이 길어질 때 읽은 글귀 하나, 시 구절 하나가 먹구름을 맑게 바꿔주는 마술사 같은 역할도 한다. 어깨를 토닥이면서, '너만 그런 게 아니야, 다들 흔들리고 있잖아'라고 말해 주는 느낌에 다시 힘을 얻어 보면서 살아가는 날들도 많다.

"아플 만큼만 아파합시다. 그것 또한 축복입니다. 자기가 감당해야 하는 아픔이 있습니다. 그 만큼만 아파하고 나머지는 즐기면서 가는 것도 자신의 선택선 상에 있습니다."

치유 강의를 들을 때 가슴 깊이 울림을 준 말이다. 나에게 주어진 몫이 있으니 딱 그 몫만 아플 뿐이다. 아픔이 더도 말고 덜도 말고 왔으면 한다. 중요한 건 그것을 극복할 수 있기에 나에게 주어진 것이다.

아동문학가 트리나 폴러스의《꽃들에게 희망을》에는 하늘로 이어진 애벌레기둥 끝에 무엇이 있는지 궁금해하는 줄무늬 애벌레가 나온다. 나비가 된 애벌레들에게 애벌레기둥을 오르고 있는 애벌레는 어리석어 보일 수 있다. 하지만 모든 사람들이 나비가 될 필요는 없다. 각자 자신의 목표를 향해 자기만의 세상을 꾸려가는 그 애벌레들의 가치는 높이 평가받아야 한다. 탑을 쌓는 절대다수의 애벌레들이 있기 때문에 세상이 순환되는 것이다. 모두 나비가 될 필요도 없고, 그렇게 살라고 나에게 강요할 권리도 없다.

우리 안에 있는 아이도 자기만의 몫이 있다. 그렇게 될 수밖에 없는 몫이라 생각하면 된다. 피했으면 좋겠지만 피할 수 없는 몫도 포함되어 있다. 남과 비교하면 끊임없는 불행만 올 뿐이다.

자신과 내면아이에게 주어진 몫에 최선을 다해 살아가면 된다. 주어진 몫에서 벗어나기 위해 자기를 부정하고 남을 따라 한다면 자신을 기만하는 것뿐이다. 피할 수 없다면 즐겨야 한다. 이 말은 잔인해 보일 수 있지만, 누구나 피할 수 없는 몫이 있기에 즐기는 마음으로 받아들여야 한다.

우리는 흔히 인생을 마라톤에 비유한다. 마라톤에는 고독이 숨어 있다. 여럿이 같이 어울려 뛸 때에도 수많은 섬들이 따로 떨어져 있는 것처럼 독립적으로 보인다.

각기 사람마다 느끼는 감정도 다르다. 뛰면서 홀로서기에 성공하여 기쁨을 맛보기도 하고, 뛰면서 뜨거워진 심장으로 사람들과 통하는 터널을 발견하기도 한다. 또한 오랫동안 홀로 떨어져 외로이 달려도 나는 혼자가 아니라는 것과 무리 지어 달려도 자신의 몫만큼 스스로 달리지 않으면 안 된다는 것을 깨닫게 된다.

달리면서 나는 누구인가 묻고 그 길 위에서 해답을 찾는 경우가 많다. 내가 무엇을 더 할 수 있는지, 무엇을 더 배워야 하는지, 무엇을 못하였는지 해답을 찾아내기도 한다. 자신을 본다는 것, 내 몫을 받아들인다는 것은 정말 두려운 일일 수 있다.

하지만 피할 수 없는 '그 무엇'을 당당하게 받아들이자. 그것은 용기이며 자신을 기만하지 않는 정직함이다. 정직하게 그 몫을 수용하고 개척해나가자.

I'm as happy as I can be.

지금 모습은 결국 내가 선택했다

건강은 물론 재산, 지식, 유명도, 인맥 등 다양한 요소가 종합적으로 우위에 있을 때 사회적으로 성공했다고 말한다. 우리가 소위 말하는 '사회적 성공'이다. 그렇다면 이 사회적 성공은 언제 하는 것이 가장 이상적일까? 정답은 없지만 사회적 통념을 고려해보면 근사치는 존재하지 않을까?

현대사회에서는 20대 성공을 예찬하고 있지만, 100세까지 살아야 하는 우리에게 소년등과(少年登科)는 현실적으로 어려울 뿐더러 자만에 빠져 오래 가기도 어렵다. 30~40대는 성공에서 큰 비중을 차지하는 재물이 자녀들에게 많이 투자되는 시기라 재물을 쉽게 모으지 못한다.

사회적 성공은 50대에 하는 게 가장 좋은 것 같다. 더 이상 넘어

가면 체력이 받쳐주지 않는다. 또한 아이들 때문에 분산되었던 집중력을 다시 발휘할 수 있고, 그동안 쌓아온 내공도 있다.

〈강호동양학〉이라는 새로운 분야를 개척한 조용헌 교수. 그는 강의에서 50대 성공에 대해 명쾌하게 말했다.

"50대 이전까지는 직장, 가정 등 엎치락뒤치락할 것이 많다. 그러니 성공의 기준은 50대로 봐야 한다."

시대적 환경, 개인의 역량 등을 고려하면 일반화할 수 없지만, 직접 만나본 수많은 50대는 '지금 모습이 과거에 어떤 선택을 했는지 결과로 나온 것이다'라는 말을 많이 한다.

비단 50대만의 이야기일까? 자의 반, 타의 반으로 운명을 뒤집은 사람은 지금의 모습이 내가 선택한 결과라고 말한다. 모두가 움츠리고 있을 때 과감히 도전했고, 위험을 감수하며 운명을 뒤집었다고. 일정한 나이가 되면 결정권을 가지기 때문에 지금의 모습은 내가 결정한 결과이다.

20대 후반 한영철(가명) 씨는 고등학교 때부터 화가 나는 일이 생기면 밖으로 나가 벽을 치거나 집의 문짝 등을 주먹으로 쳐서 부쉈다고 했다.

"어릴 적 엄마의 잔소리는 병적이었어요. 너무나 고통스러웠고 화가 나면 조절이 되지 않았어요. 그런데 어느날 벽을 치고 제 몸이 아프니 기분이 좀 풀리는 것 같았어요."

나름대로 자신이 분노를 해소하기 위한 방법을 찾아낸 것이다. 자신을 아프게 하여 거기에서 오는 쾌감을 느끼는 것이다.

이것은 외상 후 스트레스 증후군 중 자해에 해당되는 부분으로 어렸을 때 양육자와 안정애착을 잘 형성하지 못했기 때문이다. 하지만 무엇보다도 '자신이' 억압된 감정을 잘 표출하는 것이 중요하다. 안타까운 경우지만 지금의 모습은 부모와 영철 씨가 모두 선택한 것이다.

지금 모습이 내가 선택했다는 것에 동의하지 않는 사람도 많다. 내 모습을 100% 혼자서 만든 것이 아니기 때문이다. 가족, 친구, 선생님, 직장 선후배는 물론 사회적 분위기, 제도적인 시스템 등 복합적인 요소가 작용한다.

그러나 자수성가한 사람이나 마음의 평화를 얻은 사람을 보면 외적인 조건이 좋아 지금과 같은 반열에 오른 것이 아니다. 부조리한 현실은 당연히 바꿔야 한다. 하지만 자신이 불행한 것을 부조리한 현실만 탓하기에, 그것을 뛰어넘은 사람들이 우리 주변에 너무나 많다는 사실을 기억하자. 그들은 누구도 침범할 수 없는 마음가짐을 확립하고 나름의 철학으로 운명을 바꾸었다.

I'm as happy as I can be.

Q 감정 기복이 심한 상사는 어떻게 해야 하나요?

A 감정 기복이 심한 경우는 심리적으로 불안 요소가 있다고 보시면 됩니다. 상사를 떠나 한 인간으로서 넓은 마음으로 받아들이면 편해집니다. 감정 기복이 심한 사람이 오히려 마음이 여리고 따뜻한 경우가 많습니다. 눈물도 많고, 사람을 좋아하는 유형이죠. 자신의 감정을 이야기하는 것도 좋아하고요.

다혈질 비슷하게 나타나는 감정 기복이 있습니다. 기뻤다가 갑자기 기분이 다운되는 것이지요. 그러나 정이 많고 정을 나누는 것을 좋아하므로 다소 시간이 걸릴 수도 있지만, 인내를 가지고 상사와 친분을 맺게 되면 좋은 관계가 될 겁니다.

미안한 마음도 많이 가지고 있지만 사람에 따라 표현을 하지 못하는 경우도 있습니다. 행여 표현하지 않는다고 해서 우리가 흔히 말하는 나쁜 사람은 아닙니다. 본인이 좋아하는 유형이 있어서 서로 알아가는데 시간이 걸리는 편입니다. 약한 마음을 알아주시면 상사와의 관계는 좋아질 겁니다. 상대방의 입장이 되어보세요. 쉬운 일은 아닐 수 있습니다. 하지만 이 모든 것은 나를 위한 것임을 꼭 기억하십시오.

3장

인생이 꿀처럼 바뀌는
셀프 힐링법

01

지문의 10 가지 신호들

지문의 유형은 크게 5가지 유형으로 나뉜다.

• Ulnar Loop - 정기문(감성주의자)

• Radial Loop - 반기문(창의주의자)

• Arch ┌ 호형(원칙주의자)

　　　 └ 텐트(개척주의자)

• Double Loops ┌ 쌍기문(협력주의자)

　　　　　　　 └ 내파쌍기문(헌신주의자)

• Whorl ┌ 환형(완벽주의자)

　　　　├ 나선형(지도자)

　　　　├ 공작문(이상주의자)

　　　　└ 타원형(현실주의자)

※ 지문이 2~3가지 섞인 특수 문형도 있다.

자신의 정서를 자유롭게 표현한다. 좋고 싫음이 얼굴에 분명히 나타나는 편이지만, 본성은 여리고 배려심이 많다. 숨겨진 재능이 많고, 다양한 분야에서 소질을 나타냄으로써 끼가 많다. 모든 면에서 스펀지라고 표현할 만큼의 좋은 흡수력을 지니고 있어 주변 사람들의 영향을 많이 받는 편이다. 호기심과 높은 열정을 가지고 있고, 사람들과 사귀는데 시간이 걸리나 한 번 친해지면 의리를 버리지 않을 정도의 *끈끈함*이 있다.

에디슨과 같은 발명가의 기질을 가지고 있다. 창의적이고, 독창적이다. 그래서 개성이 강한 편이다. 흥미 있는 일에 몰두하며 연구하는 것을 좋아한다.

속박받는 것을 싫어하고, 자기 나름의 방식으로 행동한다. 다른 사람들에게 피해를 주는 행동이 아닌 자신만의 독창적인 행동이다. 때론 그 행동을 보면서 '사차원'이란 표현을 사용하기도 한다. 유머 감각이 뛰어나고, 창의적인 발상으로 주변 사람을 당황하게 할 때도 있으며, 색다른 아이디어로 팀워크에서는 신선함을 줄 수 있다.

흔히 말하는 보수적인 성향을 지니고 있고, 실무적인 사무 능력이 뛰어나다. 기존의 제도나 관습에 따르는 것을 좋아하며, 새로운 것을 받아들이는데 다소 시간이 걸리기도 한다. 정해진 일이나 지시된 일에 대한 실행능력이 월등하고, 다른 사람들과 협력하고 공정하게 판단하여 주변 사람들로부터 신임을 얻는다. 규칙적인 생활을 즐기기 때문에, 때로는 유연성이나 융통성을 발휘하는데 다소 어려움을 겪기도 한다. 자신을 엄격하게 규제함으로써 스트레스를 받는 경우도 있다. 자신의 개인 생활을 중시하며 다른 사람으로부터 간섭받는 것을 좋아하지 않는다. 사회 통념을 잘 따르므로 충직함을 인정받기도 한다. 의리를 중시하며, 시간 개념이 투철하여 약속을 잘 지키는 편이다.

| 쌍기문

대체로 생각이 많은 편이다. 때로는 생각이 많아 전전긍긍하기도 하기도 한다. 갈등이나 긴장상태를 좋아하지 않는 편이고 평화주의적인 성향이 크다. 그렇다보니, 자신의 주장을 내세우기보다는 다른 사람들과 융화하기 위해서 간혹 우유부단한 모습을 보이기도 한다. 다른 사람의 고민을 잘 들어주는 장점을 지니고 있어 주변에 좋아하는 사람들이 많은 편이다. 단체의 안정과 조화를 위해서 의견을 잘

수렴하는 편이다. 정신력이 우수한 편이며, 지적 호기심이 많아서 다방면에서 재주꾼이라는 말도 듣기도 한다. 낯선 장소에서도 적응력이 탁월하다. 자신을 성찰하는 성향이 높은 편이다.

| 두형

일과 대인관계가 명확하고, 정확하다. 리더십이 강한 편이며 자신의 주장이 뚜렷하다. 자신의 감정이나 내면의 세계를 잘 드러내지 않기 때문에 깊은 관계를 맺는데는 다소 시간이 걸린다.

매사에 주도적으로 행동하기 때문에 자신이 정한 목표에는 성취율이 높은 편이다. 일에서 양보다는 질을 더 중시하는 경향이 있다. 예의가 바르며, 체면을 중시하기 때문에 자신에게 엄격한 편이고 무례한 사람을 그다지 좋아하진 않는다. 맡은 일에 대해 책임감이 높고, 흐트러지지 않는 자신의 마음가짐과 태도로 다른 사람들에게 높은 신임을 얻는다. 때론 그런 모습이 다른 사람들을 불편하게 만들기도 한다. 자신의 감정을 터놓고 대화하는 것을 좋아하지 않으며, 다른 사람들을 신뢰하는데 다소 시간이 걸리는 편이다. 자존심이 세고 독립심이 강한 편이다.

여기까지는 5대 유형에 대한 대략적인 설명이고, 조금 더 세분화된 10가지 지문유형별 성격을 알아보자.

보통 열 손가락에 있는 지문으로 보는데, 3~6가지 유형이 혼합되어 있다(더 심층적으로 보려면 발가락 지문도 검사한다. 발가락에서도 손가락에 없는 지문의 유형을 발견할 수 있다). 그 가운데 한 가지 유형으로 사는 사람도 있지만, 보통 자신이 가진 여러 가지 유형을 혼합하여 살아간다.

다양한 유형의 지문을 가지고 있을수록 남을 이해하는 폭이 넓어질 수 있다. 그러나 한 가지 지문의 유형만 가지고 있다고 하여 이해의 폭이 좁다는 의미는 아니다. 내가 가지고 태어난 기질은 있지만 '환경, 만나는 사람, 자신의 성찰 정도'에 따라 관계 형성은 크게 달라질 수 있다.

1. 감성주의자

· 상대방을 배려하며 여러 가지 감정을 자연스럽게 꾸밈없이 표현한다.

· 항상 상대를 배려하며 자신보다 열악한 환경에 있는 사람들을 도와준다.

· 상대방의 칭찬과 격려를 적극적으로 받아들이고, 더 나은 자신의 모습을 위
  해 노력한다.

· 주변 환경을 완벽히 모방하는 뛰어난 재능으로 새롭게 창조할 수 있는 능
  력을 가지고 있다.

· 자신의 생각과 맞지 않는 일에 대해서는 날카롭게 지적하기도 한다.

· 살아온 환경에 따라 차이가 있지만, 때론 감정 변화가 심하게 표출된다.

· 다양한 능력을 가질 수 있는 충분한 가능성이 있다.

· 때론 자신의 목소리보다 다른 사람의 목소리에 경청하는 것도 필요하다.

- 남들과는 다른 관점과 시각으로 사물과 현상을 바라본다.
- 글을 쓸 때 새로운 주제와 소재를 제공하며, 그런 독특한 생각과 아이디어로 사람들을 놀라게 또는 당황스럽게 한다.
- 관찰력이 뛰어나고 풍부한 상상력을 가지고 있다.
- 자기중심적인 사고방식으로 간혹 주변 사람들로부터 좋지 않는 말들을 듣기도 한다.
- 창의적이고, 독창적인 사고나 행동이 다른 사람에게 사차원으로 비쳐질 수 있다.
- 자신을 잘 이해해주지 못하는 사람들 간의 관계에서 어려움을 겪는다.

3. 원칙주의자

- 한 번 맡은 일은 끝까지 해내는 책임감을 발휘한다.
- 새로운 것을 받아들이는 것보다 안정적인 것을 추구한다.
- 자신의 주장을 내세우는 것을 싫어한다.
- 특히 낯선 사람에게 의사를 표현하는데 더 어려움이 있다.
- 배운 대로만 행동하므로 융통성이 다소 부족하다.
- 자신의 생각을 표현하는 적극적인 태도가 필요하다.

· 유행에 민감하지 않고, 충동적이지 않다.

· 검소하고 알뜰한 생활을 한다.

· 삶의 자세가 긍정적이고 낙천적이다.

· 혼자 있는 것을 좋아하는 편이다.

· 결과가 없는 반복적인 일은 싫어한다.

· 다양한 경험을 즐기며, 맡은 일엔 책임을 다한다.

· 진실되고 깊이 있는 대인관계를 원하므로 한번 사귄 사람과의 관계가 오래
  지속된다.

· 흥미 없는 일을 계속할 때 스트레스를 받기도 한다.

5. 협력조력자

· 개인생활보다 대인관계 및 단체생활을 중요하게 생각한다.

· 호기심이 많고 아이디어가 많다.

· 다른 사람에 대한 배려심이 많고, 책임감과 신념이 강한 편이다.

· 갈등 상황에서 잘 중재하므로 조정자로서의 역할을 잘해낸다.

· 자료 수집과 분석하는 능력이 탁월하다.

· 최선을 다해 다른 사람을 도와준다.

· 고민을 상담하는 사람들이 많고, 대인관계 또한 원만하다.

· 다른 사람 간의 충돌과 대립을 제일 싫어해서 그런 경우가 생길 때는 피하는 경향이 있다.

· 배려심이 많다 보니, 판단력이나 결단력에 있어서 부족하다.

· 중요한 것을 결정하는데 명확히 표현할 수 있는 습관을 길러야 한다.

· 다른 사람에 대한 배려가 강하기 때문에 자신의 생각을 표현 안 하는 경우
  가 많다.

· 경쟁하는 것을 싫어하고 다른 사람에게 헌신적이다.

· 약간은 소극적이며, 내향적인 성향을 가지고 있다.

· 양보를 잘하며 모든 사람들을 관대하게 대한다.

· 일처리 능력에서는 추진력과 남다른 표현력을 지니고 있다.

· 자신보다 다른 사람의 감정을 먼저 걱정하고, 때로는 모르는 사람의 감정까
  지도 걱정한다.

· 책임감이 강하고 인성이 곧아 주변 사람들로부터 좋은 평가를 받는다.

7. 완벽주의자

- 매사에 공정함과 정의를 기본 바탕으로 한다.
- 자신만의 기준이 높은 편이다.
- 미래지향적이며 진보적인 사고를 한다.
- 책임감이 강하고, 예의 바르고, 체면을 중요시하기 때문에 자신에게 엄격하다.
- 자기관리 능력이 탁월하고 인내심이 강하다.
- 한 번 믿음을 주게 되면 쉽게 마음이 변하지 않는 우직함도 있다.
- 약속한 것에 대해 번복하는 것을 좋아하지 않아서 상대방에게 강한 믿음을 주기도 한다.

8. 지도자

- 자신의 생각이나 주장이 분명하며 리더십이 뛰어나다.
- 책임감과 독립심이 강하므로 자기 계발에 많은 시간을 투자한다.
- 자존심이 강하고 체면을 중요시하므로, 행동을 함부로 하지 않는다.
- 사람을 보는 눈이 높다.
- 양보다 질을 추구한다.
- 신뢰와 신용을 중요시해 다른 사람을 쉽게 믿지 않는다.
- 다른 사람으로부터 존경과 인정받는 것을 중요하게 생각한다.
- 자신의 감정과 생각을 드러내거나 표현하는 것을 싫어하는 편이다.

· 삶을 개척하려는 의지가 강하다.

· 일 처리 능력이 월등히 뛰어나고, 목표 달성을 잘한다.

· 공감, 포용, 이해력이 좋아 사람들 간의 갈등을 일으키지 않으려 한다.

· 다툼이나 갈등을 싫어해 다소 행동은 소극적인 경향을 보이기도 한다.

· 상대방의 말을 잘 들어주기 때문에 대인관계가 원만하다.

· 여러 가지 관점에서 사고하고 적용하는 능력을 지니고 있다.

- 예술적 감성이 풍부하고 품위를 잃지 않으려 한다.
- 다른 사람의 시선을 끄는 것을 좋아한다.
- 글이나 말 등의 표현 능력이 뛰어나다.
- 자부심과 자신감이 넘친다.
- 스스로 일을 찾아가면서 하기 때문에 성취욕이 높다.
- 다른 사람들의 일까지 도맡아 할 만큼 열정적이며 협력도 잘한다.
- 설득 기술이 뛰어나 사람들을 잘 이끌어간다.

I m as happy as I can be.

02
지문에 나의 모습이 있다

지문에 나의 모습이 있다고? 의문을 갖는 사람이 많다. 지문이 그냥 지문일 뿐이지, 자신의 내면을 나타낸다고는 생각하지 않는다. 다음 이야기를 보자.

주민등록법시행령 제33조 제2항 별지 제30호 서식에는 열 손가락의 회전지문과 평면지문을 날인하도록 강제하는 규정이 있는데, 이렇게 수집된 열 손가락의 지문정보는 경찰청장이 보관·전산화하고 범죄수사의 목적으로 이용한다. 이에 대하여 1999년 9월에 지문정보의 보관·전산화와 범죄수사 목적에 이용하는 경찰청장의 행위가 인간의 존엄과 가치, 행복추구권, 인격권, 신체의 자유, 사생활 비밀의 자유, 개인정보 자기결정권을 침해한다며 위헌의 확인을 구하는 헌법소원심판이 청구되었고, 뒤이어 2004년 3월에 열 손가락

• 105 •

지문날인강제조항에 대한 위헌 확인을 구하는 헌법소원이 청구되었다.

하지만 헌법재판소에서는 2005년 5월 26일 두 사건을 병합하여 합헌의견 6, 위헌의견 3으로 지문강제날인 규정과 경찰청장의 보관 등 행위가 헌법에 위반되지 않는다고 결론을 내렸다. 지문의 가치를 과학적 근거와 데이터를 중요시하는 기관에서 인정받은 셈이다.

한편 의학계에서는 피문(피부의 무늬로 지문(손가락무늬), 장문(손바닥무늬), 족문(발바닥무늬)이 포함)과 염색체의 돌연변이와의 관계를 연구한 논문을 발표했다. 다운증후군, 알츠하이머, 일란성 쌍생아, 폐결핵, 류마티스 관절염, 심장병은 물론, 정신 장애, 과잉행동, 지능 발달의 지연 등 정신질환까지도 지문과의 관계를 다루고 있다.

지금까지 지문은 의학, 범죄심리학 등에서 이용되어 왔다. 최근에는 범위가 확산되어 신원 확인, 질병 연구를 넘어 지문을 통해 인격적 특징을 파악하는데 이르렀다.

지문의 특징은 변하지 않는 불변성과 사람마다 다른 개별성이다. 어떤 학자는 지문은 태어나기 전에 만들어지는 지도라고 표현한다. 일부나 전부를 일정한 축척에 따라 평면 위에 나타낸 그림 또는 여러 가지 일정한 기호, 문자, 색 따위를 써서 바다, 산천, 육지 등을 나타내는 지도처럼 지문이 인생의 목표를 알려주고, 의미 있는 삶, 성취하는 삶을 살아가는데 필요한 나침반 역할을 한다고 본 것이다.

직장인 김정인(가명) 씨가 찾아왔다. 중학교 때까지 1등을 놓치지 않았다고 한다. 공부를 하면 성적이 높이 나왔기 때문에 재미가 있었다고 했다. 꿈이나 무언가 목표가 있어서 공부를 한 것이 아니라, 공부한 만큼 성적이 나오고, 부모님께서도 칭찬을 많이 해주셨기 때문에 공부하는 게 그리 어렵지 않았다고 했다.

하지만 고등학교 들어와서는 공부를 해도 중간 이하로 성적이 떨어졌다. 고등학교 1학년 때는 그럴 수 있다고 생각했는데, 2학년이 되어서도 성격이 오르지 않자, 공부의 흥미를 놓아버렸단다. 목표가 없었기 때문에 그 어떤 것도 동기부여가 되지 않았다. 어영부영 대학에 입학하고 직장에 들어갔지만 "지금도 제가 뭘 해야 될지 모르겠어요"라는 말만 되풀이했다.

지문 분석을 해보니 굉장히 많은 종류의 장문 형태를 가지고 있었다. 손가락 지문은 총 10가지 문형으로 읽혀지고, 장문의 형태는 개방성, 엄격성, 공상성, 귀족성, 호기성, 음악성, 자연성 등 7가지로 구분는데, 정인 씨는 호기성만 뺀 나머지 6가지 종류를 모두 지니고 있었다.

특히 지도자와 완벽주의자의 성향이 강해 다른 사람들의 시선을 많이 의식하고, 자신의 감정을 전혀 드러내지 않는 기질이었다. 이 기질은 자기 자신을 스스로 힘들게 하고, 자신을 많이 들여다보지 않으면 행복지수가 떨어진다. 그래서 타고난 영향력과 기질, 성격, 지능의 우월순위, 장문의 특징에 대해 자세히 설명해 주면서 적절한 상담에 들어갔다.

장문이란, 손바닥에 있는 지문의 일종이다. 각 부위별 위치에 따라 나타나는 특징이 다르며 지능의 보조자 역할을 한다. 흔히 EQ(감성지수 또는 감정적 지능지수)로 분류하기도 한다. 장문은 지문과 달리 모든 사람에게 있는 것이 아니고, 사람에 따라 나타나는 종류와 위치도 다르게 나타난다.

대인관계에서 장문에 나타나는 개방성이 중요한 작용을 하기는 하지만, 개방성을 누구나 가지고 있는 것은 아니다. 자신만이 가지는 내면 에너지가 있음을 알고 그것이 무엇인지 알게 된다면 그것에 대한 영향력은 엄청날 것이다. 꼭 기억해야 하는 것이 있다. 내가 가지고 있는 기질과 성격에 좋고 나쁨은 없다. 자신을 힘들게 하는 성격을 어떻게 풀어나가느냐에 따라 행동에 큰 차이가 날 뿐이다.

지문을 통해 우리는 기질, 성격, 지능의 우월순위, 타인과 소통하는 방법 등 자신만의 것을 알 수 있다. 예를 들면 나무의 깊은 뿌리가 지문이고, 가지와 잎은 환경의 영향으로 변화된 내 모습이다. 그래서 관점의 변화, 환경의 영향도 중요하지만 제일 중요한 것은 자신의 선택과 결정인 것이다.

I m as happy as I can be.

상담은 문제 있는 사람이 받는 게 아니다

우울증, 강박증, 편집증, 결벽증, 불안장애 등은 무엇인가에 강하게 집착할 때 나타나는 증상이다. 과거 좋았던 기억이나 슬펐던 기억의 상처에서 떠나려 하지 않는 경우다. 사실 엄격하게 따지면 정도의 차이만 있을 뿐 우리는 모두 그런 정신질환을 앓고 있다. 사람마다 그 나름의 상처가 있기 때문이다.

예를 들어 A라는 사람에게 사기를 당하고 배신당한 상처를 갖고 있다고 하자. 그러면 B라는 사람을 만나면서도 '너도 그렇겠지'라는 관점으로 바라보게 된다. 결국 B와의 관계도 A와의 관계처럼 되어버리고 서로에게 불신의 존재로 남게 된다. 그래서 한 번의 상처가 평생을 가게 되는 것이다. 작은 허물이나 서로가 좀 맞지 않는 성향을 보고 섣부르게 판단하여 일을 그르치는 경우도 많다. 하지만 어제의 자신을 돌아보면서 좀 더 나은 오늘을 계획해야 한다.

우린 정기적으로 건강검진을 받는다. 건강검진을 받는 이유는 많겠지만 예방 차원이 강하다. 건강검진을 통해 겉으로 드러나지 않은 병들을 알 수 있기 때문이다. 나이가 들면 검사항목도 많이 늘어난다.

스트레스는 만병의 근원이다. 스트레스는 마음에서부터 시작된다. 그렇다면 마음도 정기적으로 검진을 받아야 하는 것 아닌가? 병은 찾아서 수술이나 약물치료를 하면 되지만 마음은 어찌할 것인가?

흔히 심리상담에 대해 이야기하면 "나는 아무렇지도 않아", "나는 문제 없는데?", "내가 왜 상담 받아야 하는데?", "저희 아이만 상담해 주세요" 이렇게들 말한다.

과연 상담이란 문제 있는 사람만이 받는 것일까? 아니다. 매일매일 자신의 마음을 점검하는 시간은 누구에게나 꼭 필요하다. 여기에는 자기관리, 자기성찰 즉 자기를 인식하는 노력이 포함된다. 그것을 도와주는 일이 상담이다. 50대가 넘어서 진로를 찾기 위해 오는 사람이 있고, 좋은 관계를 오랫동안 유지하고 싶어 상담을 받으러 오는 사람도 있다.

《1인 기업이 갑이다》 시리즈를 펴낸 윤석일 저자는 현재 강연가, 집필가로 활동하고 있지만 과거 조금 특이한 이력이 있다.

20살 때 가스충전소에서 안전관리자로 일을 시작했다. 어린 나이에 시작했기에 고충이 많았다. 또래 대학생 친구들이 놀러 가려고 빌린 렌터카에 가스를 넣어 주면서 자신의 처지를 생각했다. 나이도 어린 것이 꿈도 없이 고작 충전소에서 일한다고 놀림도 받았지만 자기계발서를 읽으면서 삶은 자기 하기 나름이라는 결론을 내렸다. 군 입대 후 자기계발의 연장선으로 자격증 공부를 한다. 한국산업인력공단 자격증 필기 4개를 합격한 스토리를 살려 첫 강연 무대에 선다.

전역 후 2년제 대학에 다니며 용접, 배관, 보일러 기술을 배운다. 그리고 택배 알바, 막창집 서빙, 새벽 인력시장, 용접 알바, 웨이터, 공장 근로자 등 할 수 있는 건 다하는 무한 체력의 청춘을 보내게 된다. 졸업 후 거침없이 취업전선에 달려들어 외국계 회사에 입사했고, 야간대학에도 등록한다.

밤낮없이 열정적으로 살면서 차근차근 준비하여 《1인 기업이 갑이다》를 출간한다. 직장생활을 하며 조사한 1인 기업의 공통점을 담은 이 책은 베스트 7위까지 올라가게 된다.

그는 당당히 사표를 내고 진짜 인생을 위한 선택을 한다. 남들보다 다소 어린 나이에 책을 내고, 연구소 소장까지 하고 있어 강단에 서면 많이 놀란다고 한다. 그 후 《1인 기업이 갑이다-실전 편》, 《10대도 행복할 수 있다》, 《인간관계가 답이다》를 펴낸다. 그는 강의를 나가면 항상 말한다.

"충전소에 있을 때 아스팔트 위에 껌딱지를 보고 내 삶도 저렇다고 생각했습니다. 하지만 원초적 자기계발인 공부와 독서를 통해 이렇게 변화될 수 있었습니다."

나름의 위치에서 성공한 사람이다. 그런 그가 상담을 받으러 왔다. 상담을 해보니 다른 사람들이 흔하게 갖고 있지 않는 독창적인 사고(창의적 사고자 유형)를 가지고 있었다. 한번 무기력에 빠지면 예전에 일했던 곳으로 돌아가고 싶은 생각이 든다고 했다. 그동안 자주 이직했던 이유가 여기에 있었다. 행여 지금도 힘들어지면 자신도 모르게 또 이직하고 싶다는 생각이 드는 것은 아닌지 불안한 마음에 상담을 의뢰한 것이었다.

"새로운 분야를 공부하기보다 지금 하고 있는 일에 좀 더 집중하는 것이 좋을 것 같네요."

"저도 그렇게 생각해요. 다시 한 번 제 자신을 믿어보겠습니다."

어떤 뚜렷한 목표를 세우지 못한 채 살면 변동이 자주 생기기 때문에 주변 사람들에게 신뢰를 잃게 된다. 이러한 경우에는 한 가지 일을 마무리한 다음, 다음 계획을 진행함으로써 관계를 돈독히 하고, 신뢰 회복의 기회를 갖다보면 자신만의 노하우를 발견하게 된다.

글쓰기는 적성에 잘 맞았다. 모두가 상위권에 있었다. 그래서 글쓰는데 어려움이 없었고, 독창적이기 때문에 추진력, 아이디어의 발상 등이 탁월할 수 있었다. 이 모든 것들이 모여서 자신만의 콘텐츠를 만들어 갈 수 있다. 윤석일 저자가 정신적으로 문제가 있어서 상담 받으러 온 것이 아니다. 자신이 가는 길에 조금 더 확신을 가지고 용기를 얻기 위해 상담을 요청한 것이다. 이처럼 상담은 누구에게나 필요하다.

어느 누구를 막론하고 마음 점검은 꼭 필요하다. 그 밑바탕의 뿌리는 자기애다. 자신을 알아가는 방법은 성찰을 통해서도, 좋은 교육을 통해서도, 상담을 통해서도 체득될 수 있다.

I m as happy as I can be.

다른 색안경, 다른 치유방법

고정관념은 학습에 의한 결과다. 정치적 목적이든 지배자들의 수단이든 사회 관념은 고정불변한 것이고 반론의 여지가 없다고 배운다. 미디어를 통해 의미화 과정까지 거치면 앞으로도 영원히 변치 않을 것처럼 강요된다.

어떤 사람이나 사물 또는 주의나 주장을 직접 경험하지 않고 미리 마음속에 굳어진 견해를 선입견이라고 하는데, 고정관념과 선입견의 의미는 조금 다르다. 선입견이 쌓이면 무의식이 되는데 이것을 고정관념이라고 한다. 참으로 깊은 병이다.

선입견과 고정관념은 우리의 눈을 색안경으로 가려버린다. 색안경마다 다른 치유방법이 있는데, 이를 위해서는 먼저 자신이 어떤 색안경을 끼고 있는가부터 알아야 한다.

우리는 선입견과 고정관념으로부터 얼마나 자유로울수 있을까? 선입견과 고정관념으로부터 자유롭다는 것은 '열림'을 의미한다. 단순히 그 연장선상에서 타인을 용서하고 수용하는 게 열림이 아니다. 열려 있다는 것은 지금 그 상태를 그대로 마주하는 내 생각이 선입견과 고정관념으로 얼룩지지 않는 상태를 의미한다.

어릴 적 셀로판지로 색안경을 만든 경험은 누구나 있을 것이다. 빨간색 안경은 세상이 온통 불바다처럼 보이게 한다. 파란색 안경을 쓰면 세상이 온통 파란 하늘처럼 보이기도 한다. 이처럼 어떤 컬러로 보느냐에 따라 세상은 달리 보인다. 그래서 때론 착각 속에서 자신만의 색을 고집하는 경우도 있다. 하지만 이 색안경을 벗어던지면 새롭고 더 재미있는 세상이 만들어진다.

'허니버터칩'은 소비자들의 마음을 온통 흔들어 놓기에 충분했다. 온라인에서 엄청난 반응으로 생산 중단 루머까지 돌 정도였다. 2014년 9월 초부터 시중에 판매되면서 매출액 130억 원을 훌쩍 넘겼다.

허니버터칩은 흔히 시중에서 구할 수 있는 감자칩이지만 히트 요인은 고정관념에서 벗어난 '맛'에 있었다. 흔히 감자를 재료로 만든 과자는 짭조름한 맛으로 기억하고 있다. 그러나 허니버터칩은 이 같은 고정관념에서 벗어나 짠맛은 줄이고 꿀과 버터로 단맛과 고소함을 부각시켰던 것이다. 익숙한 맛에서 벗어난 신선한 시도가 이렇게 큰 열풍을 일으킬 수 있었다.

라면은 '빨갛고 매워야 한다'라는 생각에서 벗어나 담백하면서도 칼칼한 맛으로 승부수를 띄운 꼬꼬면 역시 대히트를 쳤다. 셀카봉 역시 작은 생각의 변화로 성공한 사례다. 색안경을 벗으면 정말 많은 금맥이 보인다.

선입견과 고정관념으로부터 자유로워지면 삶이 넉넉해지고 풍요로워진다. 이런 넉넉한 삶을 사는 사람은 마치 사오정 같다. 같은 말을 들어도 다른 식으로 해석하고 행동한다. 독창적이라 할 수 있다. 지금 색안경을 끼고 있다면 과감히 벗어보자.

색안경이 없는 사람은 열린 마음이 강하다. 세상이 정답이라 말하는 걸 의심해보고 본질을 찾기 위해 노력한다. 이런 사람들의 특징은 다음과 같다.

1. 끊임없이 생각한다.

나이가 들었다는 건 물리적인 시간을 말하는 것이 아니다. 기존의 것을 무조건 고수하는 걸 말한다. 색안경이 없는 사람은 호기심이 강해 머리를 끊임없이 움직이며 모든 걸 흡수한다. 그리고 자신의 지혜와 경륜을 더해 필터를 해나간다. 대표적인 인물이 버진 그룹의 리처든 브랜슨이다. 어린아이처럼 호기심이 많고 그걸 채우기 위해

목숨까지 걸기도 한다. 끊임없이 아이디어를 생각하기 때문에 우주 관광까지 꿈꾸는 것이 아닐까 생각한다.

2. 정반합(正反合)을 기본으로 결론을 내린다.

한쪽 말만 들으면 심각한 색안경이 생긴다. 모든 일은 양쪽 의견을 들어야 한다. 색안경을 극복한 사람은 정반합을 기본으로 의견을 수렴한다. 시간은 걸리지만 양쪽 의견을 듣고 가장 합리적인 결정을 한다. 고로 사람관계에 상처가 적은 편이다.

3. 감정 통제를 잘한다.

편견을 강하게 가지고 자신의 생각대로 되지 않으면 화를 내거나 답답해하는 사람이 있다. 상대의 의견을 다 듣기도 전에 폭발한다. 감정 통제를 잘하면 시간을 벌 수 있고, 의견을 내는 사람이 보다 객관적으로 말할 수 있다.

테러집단 IS에 탈출한 아이가 두려운 눈빛으로 두 손을 들고 있는 사진이 전 세계에 전파되었다. 가슴 아픈 사진이다. 지구촌에 살고 있지만 인종, 지역, 종교에 따른 분쟁이 끊이지 않는다. 각자의 색안경을 강요하고 있기 때문이다.

좁게 보면 당장 내 아이, 남편, 아내, 친구에게 나와 똑같은 색안경을 강요하고 있는 것은 아닌지 생각해보자. 색안경으로 생긴 상처가 다르듯 치료하는 방법도 다르고 복잡하다. 그래서 처음부터 색안경을 끼지 않는 법을 배우는 것이 중요하다. 내 것이 소중하면 남의 것도 소중한 법이니 안경을 벗고 있는 그대로를 보자. 있는 그대로 바라보기는 결국 자신을 위한 것이다.

I m as happy as I can be.

05

관계 속에서 오해를 이기는 법

'오해'라는 단어를 생각하면 무엇이 떠오르는가? 구설수? 왜곡? 와전? 다른 사람의 말과 행동을 온전히 이해하기는 쉽지 않다. 거기에서 모든 불씨가 시작된다. 사랑의 불씨가 될지, 오해의 불씨가 될지는 본인 자신도 모르는 일이다.

우리는 말 안 하고 살 수가 없나, 날으는 솔개처럼/ 권태 속에 내뱉어진 소음으로 주위는 가득 차고 / 푸른 하늘 높이 구름 속에 살아와 / 수많은 질문과 대답 속에 지쳐버린 나의 부리여 / 스치고 지나가던 사람들이 어느덧 내게 다가와 / 종잡을 수 없는 이야기 속에 나도 우리가 됐소 / 바로 그때 나를 비웃고 날아가 버린 나의 솔개여 / 수많은 관계와 관계 속에 잃어버린 나의 얼굴아

가요 〈솔개〉의 가사 일부이다. 수많은 관계 속에서 우리의 존재가

드러난다. 그래서 아주 친하게 지내는 친구 사이, 동료 사이, 이웃 사이일수록 흔히 말하는 오해가 빈번하게 나타난다. 하지만 엄밀히 말하면 이것은 '오해'가 아닌 '자기중심적 사고'이다.

사람마다 자라온 환경과 보는 관점이 다르므로 사고의 폭에도 차이가 난다. 내가 가지고 있는 기질을 다른 사람이 함께 가지고 있다면 이해할 수 있는 확률은 높아진다. 하지만 내가 이해하지 못하는 나와 전혀 다른 기질의 사람일 경우에는 이해하는 데도 시간이 오래걸린다. 특히 개방성을 가지고 있지 않는 사람의 경우는 더 어렵다.

따라서 자신이 가지고 있는 성격 즉, 자신만의 잣대로 다른 사람을 볼 때는 선입견과 편견에서 오는 오해의 범위도 생각해봐야 한다. 서로 이해하며 살아가야 하는 세상이기 때문이다.

'오해'라는 것을 내가 주장해도 상대방이 아니라고 하면 오해가 아닌 것이다. 반대로 내가 괜찮다고 말을 하면, 관계는 어렵지 않게 다시 부드러워진다. 대화가 필요한 일이 있는 반면에, 시간이 필요한 일들도 많다. 오해를 풀고 싶어서 얘기하다가 더 많이 꼬이는 경우도 더러는 있다. 그만큼 사람의 마음을 얻는 것이 쉽지만은 않다.

이 세상은 다양한 성향을 가진 사람들이 서로 얽히고설켜 있는 곳이다. 70억 인구 각 한 사람 한 사람이 모두 다르다. 함께 어울려 놀 때는 한없이 좋은 사람이지만 일을 하게 되면 주변 사람을 미치게 만드는 사람도 있고, 반면 그다지 재미는 없어 보이지만 믿음직하고 함께 일하고픈 사람도 있다. 심하면 자신의 작은 이익을 위해 남의 불편은 쉽게 무시해버리는 사람도 있다.

오해는 쌓이면 왜곡되어 심각하게 부풀려진다. 그러니 즉각 푸는 게 정답이다. 그리고 의심이 많거나 상상력이 과한 사람은 빠르게 풀어야 오해가 증폭되지 않는다. 개인의 특성을 고려해 오해를 풀고, 원활한 소통이 되도록 하자.

I m as happy as I can be.

06

도형으로 내면을 표현한다(○△□S)

○△□S 4가지 도형을 자유롭게 그려보고, 상대에게도 그려보라고 해보자. 도형의 크기, 모양, 위치 등을 통해 현재의 심리 상태를 알 수 있고, 상대방의 마음을 쉽게 접할 수 있다. 도형의 기하학적인 형태에 따라 각자 다른 성격유형부터 선천적 기질, 대인관계 형태, 의사소통 방식 등을 파악해 자기 자신을 발견하고 내면 치유 및 잠재력 향상을 도모할 수 있기 때문이다.

도형은 투사심리 기법으로 말로는 표현하기 힘든 무의식중에 자리 잡은 자신을 표현한다. 모든 검사도구에는 그 나름대로의 구조화된 도식이 있다. 하지만 그 구조화된 도식만을 읽어냈을 때는 많은 오류를 범할 수 있다는 점을 염두해두자.

히포크라테스의 '체액에 따른 4기질론'에 바탕을 둔 도형심리는 성격유형과 기질을 찾는 것에서부터 지나온 삶의 발자취를 되돌아볼 수 있는 좋은 매체가 된다. 또한 앞으로 살아갈 인생의 목표와 정체성 등을 더욱 분명하게 만들어 줄 수 있다. 기질별 성격은 '다혈질, 담즙질, 점액질, 우울질' 이렇게 크게 4가지로 나뉘는데, 각각의 체액은 심장, 두뇌, 간, 신장에서 나온다고 본다.

◯ 다혈질이 두드러진 사람

인생의 가치를 사람에 두지만 현실지향적인 말을 잘한다. 따뜻하고 친절하고 자기 문제보다 남 문제에 관심이 많다. 표현 능력과 모방성이 뛰어나며 열정적이지만, 감정의 기복이 심할 때도 있다. 때에 따라 의지가 약하고, 끈기가 없다. 자기중심적으로 움직이는 경우가 있으며, 정에 약하여 사기를 잘 당하기도 한다. 상대방으로부터 압력을 받으면 말을 많이 하게 되며, 대화하는 시간을 통해 회복탄력성이 높은 편이다. 겉으로는 겁이 없는 듯하지만 속으로는 겁이 많다. 사업보다는 직장생활을 하는 것이 좋다.

O를 좋아한다고 해서 그 성향이 다 똑같진 않다. 크기, 모양, 위치에 따라 사람을 좋아하는 유형이 확연하게 다름을 알 수 있다. 크기에 따라서 조금 차이가 있고, 전체적인 도형의 크기도 함께 분석해 보아야 한다. 또한 O가 가지고 있는 주 특성은 사람 중심, 관계 중심이지만, 어떤 형태로 소통하느냐에 따라 엄청 다른 결과를 나타내기

도 한다. O를 좋아하는 5명을 대상으로 도형을 그리게 했다(집단상담). 어떤 사람은 원을 따로따로 그렸고, 어떤 사람은 O 안에 크기가 다른 O를 넣기도 했으며, 어떤 사람은 벤다이어그램처럼 겹쳐 그리기도 했다. 먼저 대인관계 유형에 대해 분석을 시작하였다.

O를 따로따로 그린 사람들은 사람관계를 그리 폭넓게 하지 않는 경우가 많다. 그러나 내면은 표면에 드러나는 것과 다를 수 있기에 단정 지을 수는 없다.

벤다이어그램처럼 그린 친구들은 손에 손잡고 가는 유형으로 좋은 정보가 있을 때는 옆집, 앞집, 뒷집 등 모두 데리고 다니고 싶어 한다. 어찌 보면 오지랖이 넓은 유형이다. 본인은 아무렇지도 않는데, 그 모습을 지켜보는 부모나 주변 사람들에게 늘상 자신의 것을 좀 챙기라는 피드백을 받곤 한다.

△ 담즙질이 두드러진 사람

일, 목표, 꿈이 정확하며 일이 없으면 외로움을 느끼게 된다. 의지가 강한 편이고, 미래지향적이다. 가진 것이 없어도 비굴하지 않고, 자존심이 강한 편이다. 계획을 잘 세우지만 너무 많은 계획을 세우는 것에 주의해야 된다.

또한 가장 도전적이며, 오뚝이와 같은 근성을 지니고 있다. 어떤 일이든지 계획이 이뤄지면 곧바로 시작하는 경향이 높은 편이다. 금전을 아끼는 편이나 큰 돈보다는 적은 돈을 아끼므로 대인관계에서 쓰는 적은 돈도 일일이 따지는 경우가 있다.

강한 의지로 모임을 리드하면서 사람들을 보는 안목이 뛰어난 편이며, 어떤 자리에서든지 리더의 자리를 두려워하지 않고 기꺼이 리더 역할을 맡는다. 머리 회전이 잘되고, 지도자로서 직책을 맡으면 꼭 책임을 완수하므로 자신에게 스트레스를 주는 것을 주의하면 좋다.

담즙질이 높은 아이인 경우에는 목적 달성이 안 되면 감정을 폭발하기 쉬워 화를 직접 표현하는 경향이 있으며, 육체적인 활동을 통해 스트레스를 풀어주는 것이 좋다.

☐ 점액질이 두드러진 사람

△를 많이 그리는 사람들은 의지가 강하기 때문에 한 번 마음을 먹으면 변함이 없고, 낙천적인 기질을 가지고 있다. 자존심이 다른 유형에 비해 강한 편이고 자신감이 충만하며, 현실적이고 생산적이다. △ 또한 크기, 위치, 모양에 따라 마음 읽기의 결과가 다르다.

예의를 잘 갖추며 보수적이지만, 유머와 재치가 많다. 과도한 욕심을 내지 않는다. 준비된 지도자형으로 교수 등 교육계에서 활동하는 사람이 많다. 대체로 조용한 성품을 지니고 있으며, 신뢰도가 높고 책임감과 시간을 잘 지킨다. 때론 우유부단하면서도 냉정하기도 하고, 고집이 세며 자기방어적이다. 스트레스를 속으로 삭이는 경향이 있고, 갈등을 싫어한다. 잠을 자면서 스트레스를 풀기도 한다.

최근에 상담했던 친구는 △ 크기가 다른 도형에 비해 너무 크고, 다른 도형은 대조적으로 작은 경우였는데, 이러한 경우는 현실과 이상을 꿈꾸는 괴리감을 느껴 꿈을 달성하기보다는 무기력에 빠질 가능성이 많다. 소통함에서도 자신을 먼저 생각하는 경향이 많으므로 다소 대인관계에 소홀할 수 있다.

S 우울질이 두드러진 사람

다재다능하며, 논리적이다. 순수하고 이상주의적이며, 아이디어가 많고 충정심이 강하다. 한 번 집중하면 천재성을 발휘한다. 때론 상대방을 감동시키는 능력이 있다. 논리적이며, 자기희생적이고, 조직적이고 질서가 있다. 완벽함을 추구하기 때문에 비사교적이기도 한다. 자기 자신을 괴롭히기도 하다보니 우울하기도 하고, 비판적이다. 혼돈을 싫어하고 스트레스를 받으면 혼자 조용히 있고 싶어하며, 음악감상, 독서 등의 취미를 갖는 게 많은 도움이 된다.

요즘 중, 고등학교에 도형을 통해 현재 나의 심리를 파악해보는 강의를 나가는데, S기질을 가지고 있는 학생들을 많이 볼 수 있다. 이해는 빨라도 상대가 하는 이야기에 집중하지 않아 반복해서 질문 하는 경향도 있지만, 상상력이 풍부하고 현실과 동떨어진 것이라도 도전해보는 정신이 강해 나름대로 끌어당기는 매력이 있다. 흔히 '자유로운 영혼'이라고 말하곤 한다. 그런데 이외로 경력단절 여성을 대상으로 취업센터에서 똑같은 주제로 심리 파악을 해보면 ○기질이 많다.

이러한 결과를 보면서 학생 때는 그래도 기질을 조금씩 드러냄으로써 자신의 것을 찾아가려고 하는데, 성인이 되고 나서 현실에서 겪은 좌절감, 자존감 상실, 소통의 어려움이 도형으로 표현된 것 같아 안타까운 마음을 많이 자아내기도 한다.

도형으로 자신의 현재 심리상태와 기질은 물론 사상체질까지도 분석할 수 있지만, 가장 중요한 것은 나 자신이 중심이 되는 것이다. 모든 것은 나를 중심으로 움직인다는 천동설적 사고방식이 지금 현대인들에게 가장 필요하다. 결국 중심에 내가 있고, 그것을 다스리는 것은 바로 자신인 것이다.

I m as happy as I can be.

07

성격 유형에 따른 대인관계 치유법

살다보면 나도 모르는 내 성격을 발견하는 경우가 있다. 때로는 그때 그 모습을 인정하고 싶지 않다. 흔히들 타고난 성격 또는 기질별 특징이라 한다. 사람들과 소통할 때 이러한 자기중심적 사고가 가장 잘 드러난다. 타고난 성격을 생각하면 의문이 생긴다.

"내 성격이 바뀔 수 있을까?"

성격을 제대로 알기 위해선 먼저 '성격'이 나타내는 것을 알아야 한다. 성격의 체질적인 기초는 유전에 규정된다고 하는데, 신체 및 그 기능 또한 성격 형성에 많은 역할을 한다.

R. B. 커텔은 성격이란 '어떠한 주어진 상황에서 그가 어떠한 행동을 할 것인가를 우리들이 예상케 하는 것'이라 했다. 쉽게 말해 성격은 집단 내에서 다른 사람으로부터 구별되는 행동이다.

어떤 학자는 성격을 '사회에서 개인의 역할 및 상태를 규정하는 모든 성질의 통합'이라고 하고, 어떤 학자는 성격은 '다른 사람에게 어떤 자극을 주고 어떻게 평가되느냐에 대한 사회적 효과에 지나지 않는다'고도 본다. 따라서 성격은 '내가 생각하는 자신'과 '다른 사람으로부터 주어진 자신'의 양면에서 찾아보아야 한다.

성격은 자체가 그 사람의 인품이라 그리 간단하게 바뀌지 않고 바꿀 필요도 없을지 모른다. 그러나 자신의 성격 장애로 인해 사회에 적응하는데 어려움이 있다면 반드시 바꾸도록 노력해야 하며, 실제로 바뀌기도 한다.

'자신의 행동에 책임을 져라'라는 말은 자신의 성격에 책임이 있다는 뜻이다. 점점 나이가 들면서 성격이 원만해지는 사람도 있고, 더 완고해지는 사람도 있다. 이러한 차이를 통해 그 사람이 걸어왔던 삶의 발자취를 엿볼 수가 있다.

주변에서 이런 이야기를 많이 들어본 적이 있을 것이다.

"예전에는 정말 친해서 그 집 숟가락 숫자까지 알았는데 그 일이 있고 나서 지금은 모르는 사람처럼 지내요."

과거에 친했는데 특정한 계기로 갈라지는 경우를 많이 본다. 무엇이 문제일까? 서로 지켜야 할 경계선을 넘은 것이 문제다. 지켜야 할 것을 넘어서면 간섭, 관심, 사랑, 애정, 모든 감정이 뒤섞여 애증이 되었다가 결국은 무관심이 되어 버린다. 자신을 잘 인지하고 다른 사람과 소통할 수 있다면 경계를 넘어서는 오류를 범하지 않을 것이다.

누구나 우울함을 느끼고 살아간다. 불안도 어느 정도는 있어야 살아가는데 도움이 된다. 무엇이든 과할 때 문제의 원인이 된다. 우울과 불안의 증세가 심해지면 소통의 어려움을 겪기도 하고, 자신의 불편한 감정을 상대방에게 그대로 쏟아붓기도 한다. 자신이 위로받고 싶어 상대에게 높은 기대치를 갖고 사랑과 관심을 구걸하니, 관계 형성의 오류를 범하게 되는 것은 당연한 일이다. 정도를 지나침은 모자람과 같다. 일상생활에서 중용의 도를 지키자.

20대 후반 홍영희 씨(가명)는 중학교 때부터 친구 문제로 많이 힘들었다고 한다. 내가 좋아하는 친구가 다른 친구를 더 좋아하는 경우 '삼각관계'라고 표현했고, 이성보다 동성 친구에 더 관심이 많다고 했다. 그녀는 내가 좋아하는 친구가 다른 친구와 사이가 안 좋아지면 기쁜 마음에 그 친구에게 마음을 더 많이 썼는데, 그러다가 다시 그 친구가 다른 친구와 관계가 좋아지면 못 견딜 만큼 고통스러웠다고 한다. 그것을 지켜본 엄마는 속이 터져 계속 잔소리를 해댔지만, 비슷한 상황을 반복하며 어느새 대책 없이 성인이 되어버렸다.

영희 씨의 경우 근본적인 원인은 대인관계였으나, 엄마와의 관계

개선이 더욱 시급해 보였다. 영희 씨가 가지고 태어난 기질은 변하지 않는다. 단지 환경의 영향 때문에 표출 방식과 강도가 달라질 뿐이다.

영희 씨는 학창시절 엄마한테는 말하지 않았지만, 자살하고 싶을 때도 많았다고 고백했다. 지문분석을 해보니 영희 씨는 '협력조력자 기질'이 강해서 다른 사람과의 충돌과 대립을 싫어하고 지나치게 다른 사람을 배려하고 있었다. 자신의 자존심보다는 엄마에 대한 측은지심이 더 강했기 때문에 자제할 수 있었던 것이다.

성격장애의 경계선에 걸려 있는 사람들은 조금이라도 따뜻한 말을 걸어오는 사람이 있으면 마음을 쉽게 주고, 자기부정이나 버림받을지도 모른다는 느낌의 공허함으로 침울해지기가 쉽다. 더 심할 경우에는 친구, 동료뿐만 아니라 부모에게도 예외 없이 집착을 보이기도 한다. 어린 시절 적절한 애정이나 양육과 보호가 이루어지지 않을 때는 나이와 상관없이 부모의 사랑을 더 갈망하고 집착하게 되는 경우도 있다.

그 원인은 어디에 있는 것일까? 양육의 어려움으로 부모 자신이 안절부절못하는 심적 부담감으로 아이를 키우고, 양육자의 잦은 변동으로 충분한 사랑을 받아야 할 시기에 사랑을 받지 못하는 경우에 이런 상황이 발생한다. 채워져야 할 부분이 해결되지 못하니 성인이 되어서도 문제가 지속되는 것이다.

만약 가까운 사람이 이러한 경우라면 신뢰를 주는 것과 늘 한결같은 사람이 있다는 사실을 몸소 체험하게 하는 것이 좋다. 그런 사람들은 타인이 '자기를 버릴 수 있다'라는 불행한 인간관을 밑바탕으로 깔고 있기 때문이다.

그러나 중요한 것은 한계를 분명히 정하는 것이다. 마음을 줄 때 어디까지는 가능하지만 그 이상은 절대로 안 된다는 한계를 분명하게 말해주어야 한다. 그래야 그 관계를 오래 지속하고 유지할 수 있다. 자신의 상처를 얘기함으로써 동정심을 얻으려고 할 때에도 절대 동정해서는 안된다. '멋진 관계'보다는 '오래 지속할 수 있는 관계'가 더 중요함을 인지시켜줘야 한다.

자신이 그러한 경우라면 문제에 부딪칠 때마다 남의 탓으로 돌리지 않도록 자신을 탐색하는 시간을 많이 가져야 한다. 결국 자신을 변화시키는 것은 자신밖에 없다. 상대의 그 고마운 마음에 기댈 것이 아니라 그 충고를 마음속에 새겨 자신의 내면을 키우는 데에 초점을 맞추어 보자.

I'm as happy as I can be.

08

자존감은 마음의 면연력

내향적이고 말이 별로 없는 소극적인 자녀들을 데리고 상담을 온 엄마들은 항상 '저희 아이는 자존감이 없나 봐요', '갑자기 자존감이 상실된 것 같은데, 자존감을 회복할 수 있을까요?'라고 호소한다. 실제로 자존감이 낮은 친구들은 있다. 하지만 선천적으로 불안장애가 있는 아이가 불우한 가정에서 불안도가 높은 부모에게 양육되지 않는 이상 자존감이 없는 경우는 없다.

대인관계에서 상처를 잘 받는 사람일수록 무기력해지는 경우가 많다. 열정도 없고 목표도 없는 시간이 길어질 때에도 무기력 상태에 빠지기도 한다. 그 무기력 상태에서 시간이 많이 지속되면 될수록 자신감을 상실하게 되고 자책하게 된다. 거기에서 오는 상실감이 자칫 자존감 상실로 보일 수도 있지만, 엄연하게 보면 무기력증에 빠진 것이다. 그 무기력 상태에서 벗어날 때는 거짓말처럼 다시 바닥을 치고 올라온다. 사실 많은 시간과 인내가 필요하다. 혼자만의 힘으로는 안 되고, 주변 사람들의 도움을 받아야 한다. 좋은 상담사와의 만남도 도움이 된다.

최철수(가명) 씨는 정말 배려심이 많은 직장인이다. 다른 사람에 대한 배려심이 크고, 충돌이나 마찰을 싫어해 자신의 주장을 강하게 내세우지 않는 성격이다. 다른 사람을 도우면서 그것과 관련된 것을 내 것처럼 소중히 여기고 자랑스워하며, 양보도 잘하고 모든 사람에게 관대하다. 자신보다 다른 사람의 감정을 먼저 걱정하고, 때로는 모르는 사람의 감정까지 걱정하기도 한다.

그렇다면 철수 씨의 경우 자존감이 낮은 것인가? 철수 씨도 자신이 이런 성향의 사람이라는 것을 몰랐다가 중학교에서 고등학교로 넘어가는 시점에 조금씩 알게 되었다고 한다. 이런 현상은 대부분 그 시기에 나타나기 시작한다. 태어나서 학교 다닐 때까지 양육자와 환경의 영향을 받다가 서서히 본연의 기질로 돌아온 것이다.

흔히 자신감, 자존심, 자만감, 자존감의 의미를 헷갈려 한다. 특히 자신감을 자존감으로 잘못 인지하는 경우가 많다.

자신감은 어떤 일이 있을 때 자신이 할 수 있고 그것을 충분히 해낼 것이라고 믿는 것이다. 그래서 자신감은 매우 중요하다. 시간이 흘러감에 따라 성실하게 일하다보면 자연스럽게 생기기도 하지만, 자신감을 키우기 위한 별도의 노력이 필요하다. 이때에도 자신의 성격을 먼저 파악하는 것이 우선이다.

자존심은 다른 사람에게 자신의 주장을 굽히지 않는 마음이다. 이기적으로 보일 수도 있지만, 무조건 나쁜 것만은 아니다. 적당한 자존심이 우울증과 불안장애를 예방하기 때문이다. 하지만 자존심이 너무 강할 경우에는 목표한 바를 이루지 못했을 때 자기모멸감, 우울증, 좌절감을 느끼고, 때로는 무기력 상태에 빠질 수도 있다.

자만감은 자아중심적 사고를 바탕으로 자신을 자랑하고 드러내 보이는 감정에서 시작된다. 자만감은 다른 사람이 인정하는 것이 아닌 스스로 자신을 높이는 것을 의미한다. 즉, 타인의 인정과는 무관한 혼자만의 인정이다. 자신감이 스스로 드러내지 않아도 표현되는 것이라면, 자만감은 내 능력을 자랑하기 위해 드러내려고 애쓰는 것이다. 자기 분수에 넘치고 실속 없이 겉모습뿐인 허영심과 자만심은 비슷하다고 볼 수 있다.

자존감은 자신을 존중하고, 사랑하는 마음에서 비롯된다. 자존감이 표면으로 드러나는 사람이 있고, 아닌 사람이 있다. 개인의 성향 차이일 뿐 문제될 것은 없다.

단 자존감이 낮다면 문제가 심각하다. 자신을 믿고, 스스로 귀하고 소중한 존재라고 생각하자. 그리고 이 말을 기억하자.

"우리는 걸음마 하나로 이미 칭찬을 받았다."

I m as happy as I can be.

Q 주민등록증 지문으로도 나를 읽을 수 있나요?

A 네, 가능합니다. 주민등록증상 지문은 오른손 엄지입니다. 오른손 엄지가 의미하는 지능은 자기이해지능입니다. 자신의 지문 유형을 알고 있다면 자신을 이해하는데 많은 도움이 됩니다.

자기이해지능이란, 자기 자신을 이해하고 느낄 수 있는 인지적 능력을 말합니다. '나는 누구인가? 어떤 감정을 가졌는가? 왜 이렇게 행동하는가?'와 같이 자기 존재에 대해 생각하고 이해하는 것입니다.

자기이해지능이 높은 사람은 자기존중감, 자기향상(self-enhancement), 자기가 처한 문제를 해결하기 위해 적극적입니다. 하지만 자기이해지능이 낮은 사람들은 자신을 주변 환경으로부터 독립된 존재로서 인식하는데 어려움을 겪을 수 있습니다.

참고로 손가락마다 담당하고 있는 지능이 다 다릅니다. 더 정확히는 열 손가락뿐만 아니라, 손바닥까지 찍어서 검사하면 자신을 알아가는데 훨씬 더 도움이 많이 될 수 있습니다.

4장

사람에게 받은 상처
사람에게 치유한다

두 개의 얼굴을 가진 우리 가족

누구나 내면의 상처가 있다. 그러나 그 상처를 대하는 자세는 제 각각이다. 내면의 상처를 승화시켜 성공의 원동력으로 바꾼 사람도 있고, 타인에게 폭력으로 표출하는 사람도 있다.

어떤 방식으로 상처를 끌어안든 그것이 우리의 삶이며, 죽음이 임박했을 때 회한(悔恨)의 눈물을 흘리는 것도 상처를 풀지 못한 아쉬움 때문이라는 생각도 든다.

지문을 찍을 때는 상대방 손을 잡고 열 손가락 지문 데이터를 확보한다. 단순히 데이터만 확보하는 게 아니라 손이 주는 느낌을 알아간다. 손은 삶의 민낯이다. 굳은살이 얼마나 있는지, 평소 손 관리는 어떻게 하는지, 체온은 어떤지를 느끼며 나는 첫 질문을 던진다.

"가족 이야기 좀 해주세요."

가족 이야기. 이 이야기 앞에 자유로울 수 있는 사람은 없다. 대부분 상담자들은 어디서부터 무엇을 이야기할지 모른다. 가족 이야기의 무게가 부담스럽기만 하다. 우리 가족만 알고 싶은 세상에 꺼내기 싫은 이야기가 있기 때문에 가족 이야기는 누구나 가장 숨기고 싶은 장롱 속 깊은 부끄러움이다. 그렇다고 하여 모두가 그런 상황은 아니다. 이런 걸 생면부지인 사람에게 이야기하는 건 더욱 어려운 일이다.

가족 이야기를 요청하면 잠시 침묵이 흐르고 상담자들은 나에게 눈빛을 보낸다. 가족 이야기 중에서 '어떤 이야기를 하라는지 구체적으로 알려 달라'는 눈빛이다. 나는 침묵한다. 그럼 긴 한숨을 내쉬며 가족 이야기를 해준다. 한번 시작한 가족 이야기는 끝없이 쏟아진다. 아버지, 어머니의 기억들, 형제에 관한 이야기, 가정 형편 등 꼬리에 꼬리를 물고 가족 이야기를 세상에 꺼내놓는다. 누구는 이야기를 하며 울고, 누구는 담담해한다. 또 누구는 분노를 삭이며, 누구는 시원해한다. 상담자들의 가족 이야기를 듣다보면 도대체 가족은 우리에게 어떤 존재일까를 생각하게 한다.

나 역시 한 가족에 딸로 태어났고, 지금은 아내로 엄마로 가족을 이끌고 나간다. '가족'이란 이름은 죽기 직전까지 나에게 영향력을 행사할 거라는 사실을 알고 있기에 가족에 대한 궁금증은 평생을 두고 이어질 것이다.

이 세상에 가족이 없다면 인류 자체는 존재하지 않았을 것이다. 우리는 태어날 때부터 보호는 물론 일정 이상 교육받아야 자립할 수 있다. 이런 기본적인 기능 말고도 가족은 내면 형성에 절대적인 영향력을 행사한다. 이때 가족은 두 얼굴을 가진다. 가족 영향력에 따라 형성된 내면이 긍정적일 수도 있고 부정적일 수도 있다.

가족은 사랑을 받는 첫 번째 대상자인 동시에 상처를 받는 첫 번째 대상이다. 가족에게 받은 상처를 치유하지 않고 덮는다면 대물림이 될 수밖에 없다. 가족 일이라 덮을 것이 아니라 적극적인 자세가 중요하다.

어린 시절 가족 때문에 받은 상처 대부분은 부모님이 준 상처이다. 30년 가까이 따로 살았던 사람이 만나 결혼하면 마찰이 있는 건 당연하다. 마찰이 커지면 싸움이 된다. 아이들은 부부싸움 자체에 상처를 받는 게 아니다. 싸움의 결과에 따라 상처를 받는다. 결과가 좋으면 마찰을 용인하지만, 결과가 좋지 않으면 부부싸움이 시작될 때마다 스트레스를 받고 트라우마가 생긴다.

내면 형성에 가장 큰 영향을 끼치는 핵심 가족 구성원은 부부다. 따라서 부부싸움할 때 자신의 의견만 토해내지 말고 결과와 합의를 내는 모습이 필요하다. 또한 책임감 있는 태도를 취해야 한다.

얼마 전 PPT 작업을 위해 상담소 근처 카페를 갔다. 조용한 곳에 자리를 잡고 일을 하는데, 잠시 후 40대 초반으로 보이는 남녀가 들어와 바로 뒤 테이블에 앉았다. 무슨 일이 있었는지 여자는 격양된 목소리였다. 귀마개도 없고 다른 사람이야기를 들어주는 것이 직업이다 보니 나도 모르게 둘의 대화를 엿듣게 되었다.

남자는 남편의 형으로 여자에게는 시숙이었다. 여자는 남편의 철없는 행동으로 힘들어했고 시숙은 중재를 하고 있었다. 여자는 완고했다. 몇 분의 대화 끝에 시숙은 최후의 카드를 꺼냈다. 바로 아이들이였다.

"○○와 ○○를 생각해 보세요."

시숙의 최후 설득에 여자는 당연하듯 말했다.

"그건 그 애들에 팔자예요."

'팔자'란 말을 듣고 나도 모르게 한숨이 나왔다. 두 명의 아이가 깊은 상처를 받겠구나 싶었다.

나에게 상담을 받았다면 상처를 받는 것과 팔자가 무슨 연결고리가 있는 것인지 물어보고 싶었다. 그것은 팔자가 아니라 두 얼굴이 가진 가족이 준 깊은 상처다. 부부가 마찰이 생길 때 잘 풀어야 아이의 내면 형성에 긍정적인 영향을 줄 수 있다. 부부 싸움을 하면 좋은 쪽으로 결론을 내라.

가까이 있기에 영향을 주고받을 수밖에 없는 것이 가족이다. 가족에게 받은 상처는 다른 사람에게 풀기도 힘들다. 직접 푸는 게 최고지만 이것 역시 여의치 않다. 유일한 방법은 서로가 준 상처 앞에 솔직해지는 것이다.

50대 초반 가장이 죽음을 맞이했다. 젊은 시절 사업을 하면서 전성기 시절을 보냈지만, 잘못된 투자로 물거품이 되었다. 재기를 위해 노력했지만 지병과 스트레스를 못 이긴 것이다. 아버지의 무관심과 술주정 속에 아들은 어두운 어린 시절을 보냈다. 대학생이 된 아들은 장례식장에서 무덤덤한 표정이었다. 아버지에 대한 기억이 좋지 않아 무덤덤한 것이라 생각했다.

며칠 후 상담소 근처를 지나간다기에 약속을 잡고 그의 아들을 만났다. 그 친구에게 조심히 물어보니 돌아가시기 한 달 전 그동안 쌓였던 많은 이야기를 나누고 서로 용서하는 시간을 가졌다고 설명했다. 나도 모르게 '잘했다'가 터질 뻔했다. 그래도 서로의 상처를 풀었으니 다행이라 생각했다.

가족은 두 개의 얼굴을 가졌다. 사랑을 주지만 상처도 준다. 서로 상처를 풀 시간이 없이 종국에 마무리를 맞는다면 평생 짐이 된다. 시간은 지금도 가고 있다는 사실을 기억하고, 가족이 준 상처를 서로 보듬어주며 풀어가보자.

I m as happy as I can be.

부모와 자식은 영원한 애증 관계

통신회사 CF에 아기 두 명이 옹알이로 양말을 잘못 샀다고 대화를 나누는 장면이 나온다. 아기들이 옹알이하는 걸 볼 때마다 어른들은 알지 못하지만 아이들끼리는 통하는 언어가 있는 것 같다. 그래서 감정이 풍부한 누군가는 아기들의 옹알이를 '천사의 목소리'라 칭하기까지 했다. 이 세상 사람은 모두 옹알이를 했던 아기 시절이 있었다. 고로 우리 모두는 천사일지 모른다.

허무맹랑한 이야기일지 모르겠지만, 모든 문명에는 천사와 비슷한 형상이 존재하며 비슷한 스토리가 존재한다. 천사가 하늘 위에서 지금의 부모를 선택했고 신(神)께 빌어 지금의 부모에게 태어났다는 것이다. 즉 부모가 애(愛)이든, 증(憎)이든 천사 시절 내가 선택한 것이다.

이런 선택을 받아서일까 부모는 철저한 이기주의자인 자식을 위해 많을 걸 희생한다. 어떤 대가를 바라지 않고 일방적인 희생을 수십 년간 하는데 어떤 경우 죽기 전까지도 한다. 자식은 독립한 후에도 위기 때마다 부모에게 도움을 요청한다. 부모는 자식의 요청이 가슴 아프기만 하다.

시간이 흘러 철이 든 자식은 부모님께 더 잘해드리지 못한 점이 죄스럽다. 살아계실 때 잘 못 챙겨드리고 효도하지 못했음을 돌아가시고 난 후에야 깨닫는다. 그래서 부모와 자식 관계는 서로가 죄인이다.

몇 년 전 세상을 떠들썩했던 사건이 있었다. 제목은 '할머니의 침묵'이었다. 노숙하는 할머니를 인계한 경찰이 할머니께 이것저것 물어보지만 할머니는 묵묵부답이다. 답답한 경찰이 기자를 불러 할머니의 자식들을 찾는데 도움을 요청했다. 하지만 기자가 와도 입을 열지 않으니 자식들을 찾을 길이 없었다. 눈치를 챈 경찰과 기자는 할머니를 보호기관에 인계하며 끝났지만 이 프로그램을 보는 내내 가슴이 아팠다.

할머니가 자식을 보호하기 위해 침묵했다는 사실을 모르는 사람은 없다. 부모를 버린 자식도 나름의 사연이 있을 것이다. 부모의 일방적인 자식 사랑을 보여준 사례다.

내가 부모에게 참 깊은 사랑을 받았구나 깨닫게 될 쯤에는 부모님이 세상에 안 계신다. 내 자식도 나와 비슷한 시기에 깨닫게 될 것이다. 인종, 지역, 종교를 떠나 부모와 자식 관계는 다 똑같은 것 같다. 이 관계를 무어라 표현할 수 있을까.

지금은 많이 수그러들었지만 한때 조기영어교육 열풍이 대한민국을 흔들었다. 임산부 배에 깔때기를 대고 'hello'를 외치게 하는 학원도 있었다. 시간이 흘러 모국어도 못하는 아이에게 영어를 가르치면서 아이들의 스트레스는 극에 달했고 결국 지적장애까지 된 사례도 생겼다. 훗날 아이가 성인이 되면 부모는 뭐라 말할 수 있을까. 그저 미안해할까? 아니면 '다 너 잘되라고 했었다'라고 할까?

아이가 부모 기대에 부흥하면 좋겠지만 생각만큼 안 될 때가 있다. 이때 마음 훈련이 된 부모는 아이의 재능과 수준을 고려해 행동하지만, 그렇지 못한 부모는 비교를 하며 어줍잖은 동기부여를 해댄다.

누구나 부모가 된다. 다음 글을 보고 서로의 입장을 조금이라도 이해해보자.

| 부모

1. 비교하는 마음을 버려라.

비교는 불행의 원천이다. 아직 성숙되지 않은 상태에서 받은 비교의 상처는 가슴 깊이 새겨져 시간이 지나도 치유되지 않는다. 자식을 비교하고픈 마음이 들면 자식도 나를 다른 부모와 비교한다는 사실을 명심하라. 이 세상 모든 부모와 비교했을 때 자신이 완벽하다면 자식을 다른 사람과 비교해도 된다.

2. 내려놓음을 미리 연습하라.

중년 여성에게 우울증이 오는 건 신체적 변화도 있지만 열심히 키워온 자식이 떠나는 것도 한몫한다. 자식이 언젠가는 떠난다는 당연한 사실을 머리로만 알고 있을 뿐 받아들이지 못하는 것이다. 자신의 삶에 집중할 거리를 준비해두면 좋다.

| 자식

1. 시대의 아픔을 이해한다.

어느 세대든 시대의 아픔이 있다. 할아버지 세대는 가난과 전쟁의 아픔, 아버지 세대는 독재와 급격한 경제 성장의 아픔을 겪었다. 시대의 아픔을 인정하고 부모가 잘났든 못났든 그것을 겪은 시대를 이해한다면 부모의 행동을 조금이나마 이해할 수 있다.

2. 세월은 누구에게나 공평하게 흘러감을 알자.

영원한 젊음은 없다. 당장 젊고 건강하다고 자만에 빠지면 안 된다. 자신도 늙는다는 점을 인정하면 부모를 용서하고 대화할 시간도 점점 줄어든다는 사실도 깨닫게 될 것이다. 그나마 시간이 있을 때,

기회가 주어졌을 때 풀자.

지인의 메신저 상태 메시지가 '부모님께 매일 전화하기'다. 자각하기 위해 올린 것 같다. 실천이 참으로 어렵다. 나 역시 반성하고 마음을 다잡는다. 여전히 실천이 어렵다.

서로 죄인이라 느끼는 부모와 자식과의 관계는 오랜 시간 얽히고설킨 것이기 때문에 풀기도 어렵다. 그렇기에 서로의 모습을 이해하는 모습이 중요하다. 애증관계에서 증(憎)이 끼지 못하도록 열린 마음으로 서로를 배려하자.

I'm as happy as I can be.

같은 꿈을 가진 친구가 필요해

직업적으로나, 성격적으로 우리 주변에 '독설'을 거침없이 날리는 사람이 있다. 상대방의 마음 상태는 안중에도 없이 독설을 컨설팅이라 착각하고 날린다. 듣는 상대가 좋아할리가 없다. 독설을 좋아하는 사람 주변에는 사람이 없다. 외로울 따름이다. 그래서 컨설팅이든 독설이든 사람을 봐가면서 해야 하는 법이다.

사람을 봐가면서 해야 할 것이 또 있다. 바로 조언을 구하는 일이다. 청춘비전 강의로 유명한 모 강사는 "제발 성공 방법을 동네 형들에게 물어보지 말라"고 강하게 말한다. 전적으로 동감한다.

성공하는 방법은 성공한 사람에게 또는 그 길을 가는 사람에게 물어봐야 제대로 된 조언을 들을 수 있지, 전혀 다른 사람에게 조언을 구한다면 독설이나 원론적인 내용만 듣게 된다. 이렇듯 조언을 해주든, 조언을 구하든 사람을 구분해서 해야 한다.

사람에게 받은 상처는 사람으로 치유가 된다. 같은 꿈을 가진 친구가 있다면 조언을 해주든, 조언을 구하든 나아갈 방향이 비슷하기에 서로 의지하며 꿈을 키워나갈 수 있다. 반대로 내 꿈과 방향을 정확히 모르는 사람에게 자신을 평가해달라거나 인정해달라는 것은 의미가 없는 일이다. 평가받을 대상을 언제나 신중히 선택해야 한다.

소설가를 꿈꾸는 40대 가정주부 P씨. 그녀는 어릴 적 꿈을 이루기 위해 문화센터 수업도 수강하고, 타지에서 열린 작가와의 만남도 갔다. 당연히 때에 따라 남편 끼니도 못 챙기고, 아이를 남편에게 맡길 수밖에 없었다. 남편은 문학이나 소설에 대해 전혀 알지 못하는 사람이었지만, 문화센터에서 내준 단편소설 쓰기 숙제를 프린트해 남편에게 보여주었다. 처음에는 아내의 활기찬 모습을 응원하기 위해 나름의 평을 해주었지만 서서히 한계가 오기 시작했다. 그리고 일이 터지고 만다.

남편은 없는 지식을 짜내서 신춘문예 등단이 얼마나 어려운지, 소설가가 되기 위해 얼마나 많은 노력이 필요한지 등을 설명해주고 꿈을 접으라고 종용했다. 아내는 자신이 해야 할 일을 찾은 것 같아 기뻤지만, 경제권을 쥐고 있는 남편의 뜻을 따라야 했다. 언젠가 꿈을 다시 펼칠 수 있는 날이 올 거라 믿고 독서에 많은 시간을 보내고 있다.

P씨의 사연을 듣고 남편에게 소설에 대한 평을 요청하지 않았으면 어땠을까 생각했다. 평론이나 평가를 객관적으로 할 수 있는 사람은 그 일을 먼저 한 사람이다. 남편은 전혀 다른 직종에 있었던 사람이다. 또 평을 해야 하기에 글의 장점은 물론 단점도 거침없이 쏟아내면 서로가 상처를 입을 수밖에 없었다. 그래서 무슨 일을 하든 꿈이 같은 사람을 만난다는 건 큰 행운이다.

어떤 꿈을 꾸든 같은 꿈을 꾸는 사람 무리 속에 있어야 한다. 뮤지컬 배우가 꿈이라면 뮤지컬 공연장 안에 있어야 한다. 이론만 공부해서는 절대 뮤지컬 배우를 할 수 없다.

어느 곳이든 '그들만의 리그'가 있다. 그들만의 리그에 들어가야 꿈을 펼칠 공간이 생기는 법이다. 리그 자체를 모르는 사람에게 평가를 해달라고 한다면 마음의 상처만 남는다.

개그우먼 박지선 씨. 그녀는 학창시절부터 반 친구 3~4명을 모아 놓고 웃기는 것을 즐겼다고 한다. 하지만 특별한 꿈이 없어 성적에 맞추어 고려대학교에 들어갔다. 고등학교 때는 시간표가 있었지만 대학교는 아니었기에 처음에 당황했다. 그래서 친한 친구를 만들어서 친구가 정해준 대로 수강하며 4년을 보낸다. 졸업 후 친구를 따라 노량진 임용고시 학원에도 등록한다.

임용고시를 위해 학원을 다니던 어느 날 아침이었다. 창밖에는 눈이 내리고 있었다. 500여 명 학생 모두가 강사가 불러준 내용을 기록하기 바쁠 뿐 누구 하나 밖에 눈 내리는 풍경을 감상하지 않았다. 박지선은 2시간 동안 눈 내리는 풍경을 보며 많은 생각에 잠겼다. 친구가 절대 나쁜 친구는 아니었지만, 나는 없고 친구가 주는 삶만 살았다고 느낀 것이다. 자신을 되돌아보았다.

'나는 언제 가장 행복했지?'

학창 시절 친구들이 자신을 보며 웃었을 때 행복했던 기억이 떠올랐다. 그녀는 개그맨 공채에 도전했고 김도연, 오나미 등 같은 꿈을 가진 친구들과 함께 꿈을 마음껏 펼치며 대한민국 대표 개그우먼으로 성장했다.

주변에 어떤 친구가 있는지에 따라 인생이 달라진다. 그래서 친구를 보면 그 사람을 알 수 있다는 말이 있는 것 같다. 박지선은 자신과 다른 꿈을 가진 친구와 헤어지면서 진짜 자신의 꿈을 찾았다.

SNS에 수천 명의 친구가 있어도 외로움을 느끼는 사람이 있고, 한 명의 꿈 친구만으로도 천하를 얻은 것과 같은 사람이 있다. 자신의 꿈과 나아갈 방향을 아는 친구를 가진 자는 삶의 큰 원동력을 얻을 수 있다.

친구의 종류에는 4가지가 있다고 한다. 주변에 어떤 친구가 있는지, 자신은 어떤 친구인지 생각해보자.

• 아끼고 존중하는 벗

존중을 바탕으로 서로의 잘못을 잡아주면서 같이 성장하는 벗이다. 서로를 아끼고 존경하며 두려운 면도 있다.

• 서로 돕는 벗

힘들 때 기쁠 때 서로 도와주는 편안한 벗이다. 떨어져서는 살 수 없어 형제보다 친밀한 사이다.

• 좋은 일에만 어울리는 벗

좋은 일이 있거나 놀 때만 어울리는 놀이친구를 말한다. 젊은 시절 호형호제해도 세월이 흘러 삶의 격차가 벌어지면 손에 있는 모래처럼 빠져나간다.

• 자신만의 이익을 추구하는 벗

자신의 이익에 충실하며 걱정거리가 있으면 서로 미루고 나쁜 일이 생기면 책임을 전가한다. 서로가 상처만 줄 뿐이다.

친구가 없는 삶은 참으로 외롭다. 그래서 친구는 꼭 필요하다. 친구에게 상처를 받은 경우 친구가 나를 못 알아준 것도 있겠지만, 내가 친구를 보는 눈이 없었던 것은 아닌지 생각해보자.

꿈 친구를 가까이 두자. 지금 없다고 한탄하지 말자. 없다면 만들면 된다. 꿈 친구가 주변에 많을수록 꿈으로 가는 힘도 세지는 법이다.

I m as happy as I can be.

04
착한 사람 코스프레 그만하자

어딜 가나 착한 사람으로 불리는 사람이 있다. 착하다는 말을 듣기 위해 왠지 최선을 다하는 느낌이다. 어떤 일이든 거절을 못한다. 자신의 생각은 줄이고 오직 상대가 원하는 것에 자신을 맞춘다. 자신의 의지나 감정 같은 것은 아랑곳하지 않은 채 상대방 욕구에 자신을 맞추려다 보니 무조건적으로 희생하게 된다. 희생으로 끝나면 정말 착한 사람인데, 본전 생각을 하면 화병이 생긴다는 것이 문제다.

우리는 말귀를 알아듣기 시작한 때부터 착한 사람이 되어야 한다고 교육 받았다. 장난감을 친구에게 양보하면 착하다며 사탕을 받았고, 다른 친구들보다 청소를 열심히 하고, 친구들이 하기 싫어하는 굳은 일을 하면 '선행상'을 받았다. 이것은 '성적우수상'만큼 부모님을 기쁘게 해드린 상이기도 했다. 그렇게 어른이 되자 누가 강요하지 않아도 스스로 착한 사람의 가면을 택하고, 남에게 착한 사람으로 보이길 원한다. 하지만 더 이상 착한 사람에게 상(賞)이 아닌 상처만 남는 듯하다. 물론 착한 사람이 대접 받는 정상적인 사회가 되어야 한다.

오랫동안 지속되는 모임을 보면 많은 희생을 감당하는 사람이 있기 마련이다. 30대 주부 H씨가 그런 경우이다. 모임에서 총무직을 맡고 있지만 멀티플레이어다. 인터넷 카페를 가장 적극적으로 운영하고 있고 단체문자 보내기, 모임장소 섭외, 인쇄물 준비 등 모임의 시작과 마무리 모두 그녀의 몫이다.

모임 초장기 때는 사람들에게 각자 분담된 일이 있었다. 하지만 어느 순간부터 군말 없이 희생하는 그녀에게 온갖 귀찮은 일들이 전부 맡겨졌다. 그녀는 즐겁게 시작한 모임에 큰 부담과 스트레스를 받기 시작했다.

일을 분담하자고 조심스럽게 도움을 요청해 봤지만 사람들은 바쁘다며 거절했다. 번거로운 일을 하기 싫어서 떠넘긴다는 오해를 받기 싫어 더 이상 부탁하지 않았다. 총무를 그만두고 싶어도 책임감이 없다는 소리를 들을 것 같아 그만두지 못하고 있다. 시간이 지날수록 스트레스는 커져만 간다. 그녀가 언제까지 그 모임의 총무를 지속해 나갈 수 있을지 모르겠다.

상대에게 선의를 베푼 만큼 상대도 알아주면 좋으련만 모두가 내 마음 같지 않다. 희생하던 사람은 더 큰 희생을 은근히 요구받고, 손해 보는 게 익숙한 사람은 매번 손해를 보게 된다. 내가 이만큼 갔으니 상대가 이만큼 와주길 바라지만 상대는 움직일 생각을 하지 않는다. 결국 움직이지 않는 상대를 바라보며 자신의 희생과 노력에 허탈함을 느낀다. 묵묵히 참으면서 상대에게 맞춰 움직이느라 정작 챙겨야 할 자신은 돌보지 못했는데 말이다. 자신에게는 가혹할 뿐이다.

물론 자신이 불편함을 감수하며 남을 배려하는 것은 아름다운 모습이다. 하지만 그 이상을 넘어 오로지 남을 위해, 남의 만족을 위해 눈치 보기 바쁜 인생을 살고 있지 않은지 생각해보자. 이기적이고 개인주의가 만연한 사회라고 하지만, 어쩌면 우리는 그전보다 더 서로 눈치를 보고 살고 있는 것 같다. 이해관계가 얽혀 있는 사이에서 서로에게 밉보이면 안 되기 때문이다. 좀 더 많은 이익을 챙기고 손해를 덜 보기 위해서 자신의 감정에는 끊임없이 손해를 입힌다.

내가 어떤 사람인지 먼저 생각하기보다 타인이 나에게 원하는 게 무엇인지, 타인이 나를 어떻게 생각하는지가 더 중요한 인생이 과연 행복할까? 자신의 감정을 버리고 고객의 기분에 집중해 일해야 하는 서비스업은 다른 직업군에 비해 이직이 잦다. 이를 '감정노동'이라고 하는데, 직접 고객을 응대하는 업무를 하는 서비스 종사자들이 이에

속한다. 감정노동이라는 것은 자신의 진실된 감정을 숨기고, 다른 감정을 보여주는 것이다. 쉽게 표현하면, 속에서는 분노의 감정이 올라오면서도 겉으로는 고객을 웃으면서 응대하는 경우이다.

서비스가 기업 이윤에 미치는 영향이 큰 만큼 고객과 접점에 있는 직원들, 즉 감정노동자들의 역할이 중요하다. 하지만 이들이 회사에 가져다주는 이익만큼 고객과 회사에 대접 받지 못하는 경우가 허다하다. 자신의 잘못이 아닌 일로 고객에게 폭언을 들어도 머리를 조아리고 사과하며 자신의 감정은 내색할 수 없기 때문이다.

'스마일 마스크 증후군'은 자신의 감정과는 무관하게 항상 친절하고 밝은 모습을 보여야 한다는 강박관념 때문에 얼굴만 웃고 있을 뿐 극심한 스트레스와 우울 등을 겪는 증상을 말한다. 이런 증상이 지속되고 적절히 해소하지 못하면 우울증은 물론 심각한 정신질환 및 자살로 이어질 수 있다.

하루의 대부분을 남의 감정에 맞추어 사는 게 얼마나 힘든 일인가? 불가능한 일이겠지만 고객이 화내면 같이 화내고, 직원이 기분 안 좋은 날에는 고객에게 맘껏 짜증을 낼 수 있다면 서비스 종사자들이 겪는 마음의 고통이나 정신적 스트레스는 줄어들지 않을까?

개그맨들은 무대에서 항상 에너지가 넘친다. 사람들을 웃기기 위해 자신이 누군지 알아보지도 못하는 분장도 마다하지 않는다. 관객

앞에서 날아다닐 정도로 신나게 공연을 하는 개그맨들을 보면 자신의 일을 정말 사랑하고 있음이 느껴진다. 그런데 이렇게 에너지 넘치는 개그맨들이 무대 밖에서는 전혀 다른 모습인 경우가 많다.

어떤 유명 개그맨은 화면 속 이미지와는 상상이 안 갈 정도로 과묵하다고 한다. 심지어 집에 들어오면 말 한마디 하지 않는 개그맨도 있다. 그 어떤 모습으로 다른 사람들 앞에서 망가지는 것도 두려워하지 않고 자신의 일을 사랑하는 이들도 무대에서 내려오면 목소리톤을 낮추고 분장을 지운다. 본연의 모습으로 돌아가는 것이다.

개그맨들이 무대 밖에서도 항상 웃겨야 하고, 개그를 해야 한다면 어떨까? 누군지도 알아보기 힘든 분장을 하고 만나는 사람마다 웃겨줘야 한다면 말이다. 만약 개그맨이기 때문에 그래야 한다면 개그를 오래할 수 있는 사람이 몇이나 될까? 개그를 사랑했던 이들도 아마 '웃겨야 한다'는 강박증에 시달려 개그라면 치를 떨 것이다.

집에 돌아와 휴식을 취할 때 과묵하게 말 한마디 하지 않는 것은 여러 가지 이유가 있겠지만, 혼자 있는 그 시간만큼은 자신의 모습을 찾고 싶기 때문일 것이다. 자기 기분이 어떠하든, 남을 위해 내가 아닌 모습으로 시간을 보냈으니 자신을 위한 시간이 필요한 것이다. 이렇게 에너지를 재충전할 시간을 갖기 때문에 다시 남을 웃기기 위해 무대에 오를 수 있는 것 같다.

24시간 천사의 가면을 쓰고 무대에서 내려오지 못하는 삶을 살고 있는 건 아닌지 돌아볼 필요가 있다. 내 감정은 고려하지 않고 남의 눈을 위해 살고 있진 않은지 말이다. 입은 웃고 있지만 눈물이 가득 고인 피에로의 모습에서 울고 싶을 때도 억지웃음을 지어야 하는 우리들의 모습이 보인다. 남을 위해 웃어주는 사람이 아닌, 자신을 위해 울 수 있는 사람이 정말 행복한 사람이 아닐까?

I m as happy as I can be.

오지랖을 버려야 속이 편하다

한 보험회사에서 고객의 걱정을 덜어주는 '걱정인형'을 선보였다. 걱정은 내게 맡기라며 과테말라에서 전해오는 '워리 돌(Worry Doll)'을 광고와 마케팅에 활용한 것이다. 고객들의 반응이 좋아 이를 상품화해 출시했고, 많은 고객들은 자신의 걱정을 가져가주길 바라며 인형에게 걱정을 털어놓고 잠자리에 들었다. 그 보험회사는 걱정인형 덕분에 기업 홍보는 물론 브랜드 이미지 상승에도 큰 효과를 보았다. 하지만 매일 밤 사람들의 한숨과 걱정을 들어야 하는 걱정인형은 얼마나 피곤했을까?

매일 밤 사람들의 걱정을 가져가는 '걱정인형'을 자처한 사람들이 있다. 걱정인형이야 주인이 자신의 걱정을 말하니 들어준다지만 그들은 상대가 원하지 않아도 남 걱정으로 시간을 보낸다. 그리고 무슨 일이든 자신의 일인 양 참견하고 간섭한다. 우리는 그런 사람에게 오지랖이 넓다고 표현한다. '내 코가 석 자'라는 말과는 전혀 상관없는 사람들이다.

한때는 먹고 살기 바빠서 옆집에 누가 사는지도 모르는 게 당연하게 여겨졌다. 한 아파트에 몇 년 이상을 살아도 이웃사촌이 없었다. 엘리베이터에서 잠깐 마주치는 게 전부인 이웃은 서로 어색할 뿐이었다.

그런데 요즘 다시 '이웃'이라는 말이 낯설지 않게 느껴진다. 블로그에서 이웃을 맺고, 같은 아파트 단지나 동네주민 카페에 가입해 서로 인사를 나누고, SNS 등을 통해서 언제든지 소통이 가능해졌기 때문이다. 예전과는 다른 개념의 이웃관계지만 다양한 방법을 통해 더욱 폭넓은 관계를 맺고 사는 것 같다. 오히려 흉이 될까봐 털어놓지 못했던 고민들을 온라인상에서 솔직히 털어놓고 조언을 구하기도 한다.

예전이나 지금이나 오지랖 넓은 사람은 어디 가나 표가 난다. 오지랖 넓은 사람들은 관심이 너무 지나친 탓에 자신의 진심이 상대방에게 전달되기 힘들다. 좋은 마음으로 한 말일지라도 듣는 사람의 기분을 불편하게 만들기도 한다.

한 번은 조금 늦게 결혼한 친구를 만나 아이와 함께 공원에 갔다. 벤치에 앉아 친구와 대화를 나누고 있는데, 정정해 보이는 할머니가

옆에 앉았다. 유모차에서 잠들어 있는 아이를 보더니 "아들이냐"고 물었다. "네"라고 하자, "아휴, 결혼이 좀 늦었나 보네. 노산이면 힘들었을 텐데……. 애기도 엄마가 어렸을 때 낳아야 더 예쁘지" 하며 혀를 찼다. 이어서 "둘째는 언제 낳으려고? 안 그래도 늦었는데 서둘러야지. 외동은 외로워서 못써" 하며 세상에서 제일 안쓰럽다는 표정으로 아이를 바라봤다.

친구는 어색한 웃음을 지어 보였다. 그러자 아랑곳하지 않고 "애기 머리숱이 너무 없네. 머리 한번 싹 밀어주지 않고 뭐했어?"라며 이제 아이 머리숱 걱정까지 한다. 할머니의 질문과 관심이 더욱 커질 것 같아 자리를 피하려 하자 마지막 한마디.

"요즘 엄마들은 다 자기 애한테 벌벌 떨지. 특히 애 늦게 낳은 엄마들이 더 그래. 교육 잘 시켜. 애기 버릇없어지면 후회해!"

노산한 산모 걱정, 둘째 걱정, 아이 머리숱 걱정, 걷지도 못하는 아이 교육 걱정까지 할머니의 주름살이 왜 더 깊었는지 알 것 같았다. 아무 관계없는 아이한테도 이렇게 관심이 많은데 친손자 걱정은 얼마나 했을까? 아이를 사랑하는 할머니 마음은 알겠지만, 서로에게 득이 된 건 하나도 없어 보였다.

오지랖의 정점은 온라인상에서 더 뚜렷하게 나타난다. 세상에서 제일 쓸데없는 걱정이 연예인 걱정이라는데, 어떤 사건이 일어나나 항시 예의 주시하며 연예인 걱정에 한창인 사람이 많다. 팬으로서

한 연예인을 좋아하고 응원하는 걸 넘어 어떤 일이든 터지기만을 기다렸다가 사사건건 참견을 한다. 과연 L이 P와 행복한 결혼 생활을 할 수 있을지, 이번 영화 흥행에 실패한 H의 차기작은 어떠할지, S는 얼굴이 변했던데 성형을 한 건지 등 자신이 연예부 기자도 아니고 대부분의 시간을 자기 인생과 전혀 상관없는 연예인들 걱정이나 하며 지낸다. 또한 스타의 과거나 연애설 증거를 찾는 네티즌들의 실력은 사이버 수사대를 방불케 한다.

옆집에 누가 사는지도 모르게 바쁘게 살았던 사람들이 온라인을 통해 세계 모든 일에 쉽게 관심을 가질 수 있게 되었고, 이로 인해 온라인형 오지랖이 늘고 있다.

때론 오지랖 넓은 사람 때문에 어떤 문제가 개선되기도 하고, 관심이 필요한 사람에게는 큰 힘이 되기도 한다. 오지랖은 기본적으로 사람에 대한 깊은 관심에서 생기는 것이기 때문에 충분히 좋은 면도 많다. 사람에게 무관심한 것보다 타인의 일에 깊이 공감해주고, 진심으로 걱정하고, 솔선수범하는 성향이 훨씬 좋을 수 있다. 다만 그 할머니처럼 남 걱정에 깊은 주름이 생기지 않으려면 오지랖 후 스스로 마인드 관리가 되어야 한다.

누군가에게 자신의 힘든 상황을 이야기하고 마음이 한결 편안해지는 것은 듣는 사람이 '걱정인형'처럼 그 힘든 감정을 나눠 가져가기 때문이다. 그래서 어쩌면 힘든 이야기를 하는 사람보다 그 이야기를 듣는 사람이 더 힘들 수 있다.

남의 이야기에 귀 기울이느라 자기 내면의 이야기에 소홀해진 것은 아닌지 생각해보자. 모든 일에 있어서 사후관리는 중요하다. 지금 우리 마음을 불편하게 하는 것들의 대부분은 혼자 걱정하고 마음을 쓴다고 해결되는 일이 아니라는 것을 우리는 이미 잘 알고 있다.

남 일에 관심을 갖고, 공감하고, 걱정한 뒤 돌아서면 자신의 손 안에 있지 않은 일은 머리와 마음에서 비워낼 필요가 있다. 예전 한 인터뷰에서 암을 이겨낸 방송인 홍진경에게 '행복이 무엇이라고 생각하냐'고 물었다. 그러자 그녀는 '자려고 누웠을 때, 마음에 걸리는 게 하나도 없는 것'이 행복이라고 답했다.

모두 각자 갖고 있는 행복의 기준이 있고, 행복을 정확히 정의 내리지 못하겠지만 그녀의 말에 동감한다. 마음에 걸리는 게 있으면 쉽게 잠자리에 들지 못한다. 굳이 오지랖 넓게 살지 않아도 자나 깨나 걱정할 것, 신경 쓸 것 투성이이지 않은가. 완전한 행복을 누리며 마음에 걸리는 게 하나도 없이 살기는 힘들겠지만, 쓸데없는 오지랖은 버리고 속 편히 잠드는 밤이 되길 바란다.

I'm as happy as I can be.

이별의 달인은 상처가 없다

GDP, 복지, 기대수명, 식량만족도 등을 종합해 UN에서 행복지수를 발표한다. 우리나라의 행복지수는 OECD 국가 중에는 꼴찌, 157개국 조사국 중에는 47위로 경제 규모에 맞지 않은 순위를 차지했다. 우리나라뿐만 아니라 행복지수 순위를 보면 선진국보다 후진국이나 개발도상국들의 행복지수가 높은 경우가 많다. 이것을 통해 행복에 있어서 경제적인 조건이 절대 조건은 아님을 알 수 있다.

그렇다면 행복의 조건은 무엇일까? 후진국으로 꼽히지만 인도네시아는 행복지수가 높다. 인도네시아 파푸아 주에는 원시부족인 다나족이 살고 있다. 그들은 특이한 장례문화를 가지고 있는데, 가족이 죽으면 산 가족의 손가락 마디를 절단하는 것이다. 그래서 나이가 많은 부족원은 손가락 마디가 거의 없어 생활이 불편해 보이기까지 한다. 그들이 손가락을 절단하는 의미는 죽은 사람을 애도하고, 잊기 위한 일종의 이별문화다. 신체 일부를 절단하는 것은 잔인한 일이지만, 여기서 배울 점은 이별을 소중히 생각하고 완전하게 받아들이는 그들의 마음가짐이다.

SBS 〈그것이 알고 싶다〉에서 진혼제(죽은 사람의 영혼을 위로하기 위해 지내는 제사) 올리는 것을 본 적이 있다. 무당은 빙의(영혼이 옮겨 붙음)가 되어 살아 있는 사람과 한참 동안 이야기를 나누었고, 영혼을 달래주기 위해 제를 지냈다. 의식이 끝나자 진혼제에 참여한 사람들의 표정이 조금은 가벼워 보였다. 무당은 마지막에 산 사람들에게 '행복하게 사는 것이 영혼에 대한 보답'이라면서 희망을 갖고 살라'고 말했다. 무당의 마지막 말을 듣고 이별은 누구도 아닌 자신을 위해 준비해야 함을 느꼈다. 그들에게 진혼제는 완전하게 이별할 수 있도록 도와주는 의식이 아니었을까?

만난 사람은 반드시 헤어지게 되어 있다. 아무리 사랑하는 사람이라도 같은 날, 같은 시간에 죽지 않는 이상 이별을 경험하게 된다. 그런데 이때 이별을 제대로 하지 못하면 깊은 후회를 남기게 된다. 그래서 우리는 이별의 달인이 되어야 한다. 이별 대상에는 가족, 친구 그리고 자신도 포함된다.

이별의 달인이란, 이별을 가볍게 대하는 사람을 의미하는 것이 아니다. 이별의 달인들은 헤어지는 순간까지 인연을 절대 가볍게 생각하지 않는다. 다만 헤어지는 순간에도 각자 위치에서 열심히 살아가고, 내실을 다지면서 새로운 인연을 만들 준비를 해나간다.

우리는 주변에서 잘못된 이별이 끔직한 범죄로 이어지는 경우를 많이 본다. 애인의 헤어지자는 말에 살인을 저지르고, 헤어진 여자 친구가 다른 남자와 타고 있는 차를 고의로 들이박아 사고를 내는 경우도 있다. 그래서 주변 사람들에게 상처를 주고 자신은 범죄자가 된다.

우리는 이별의 소중함을 배운 적이 없다. 사람 간의 이별 외에도 이별의 종류(직업과의 이별, 장소와의 이별 등)는 참으로 많은데 말이다. 이별은 일상이 되어야 한다. 이 사실을 빨리 깨달은 이별의 달인들은 그래서 후회가 없다. 이별에서 오는 교훈을 배울 뿐이다.

두 스님이 어느 마을에 도착했을 무렵이었다. 마을 어귀에서 인력거에 타고 있던 젊은 여인이 비 때문에 불어난 물을 앞에 두고 하인들을 꾸짖고 있었다. 하인들은 여인의 짐을 들고 있었기에 그녀가 내리는 것을 도와줄 수 없었다. 젊은 스님은 그 여인을 보고는 아무 말 없이 지나쳤지만, 노승은 그녀를 등에 업고 물을 건너 마른 땅에 내려 주었다. 그러나 그녀는 고맙다는 인사도 없이 갈 길을 재촉했다.

다시 길을 걸으며 한참을 생각에 잠긴 젊은 스님은 참지 못하고 노승에게 이렇게 말했다. "그 여인은 아주 이기적이고 건방집니다. 스님이 등에 업어 물을 건너주었는데도 감사하다는 말 한마디도 하지 않았습니다."

그러자 노승이 태연하게 답했다.

"나는 그 여인을 이미 몇 시간 전에 내려주었는데, 왜 그대는 아직도 (마음속에서) 그녀를 등에 업고 있는 것인가?"

지나간 일은 빨리 잊으라는 조언이다. 이미 지나간 일에 이별을 고해야 한다. 이별하지 않으면 나만 괴울 뿐이다. 그렇다면 그 꼬리에 꼬리를 무는 그 상처와 아픔들을 어떻게 해결해야 할까?

1. 반복적이고 활동적으로 움직인다.

2차 세계대전이 끝나고 전쟁 후유증에 시달리는 군인들을 치료할 때 반복적이고 활동적인 운동을 하게 하여 전쟁의 참상을 생각할 겨를을 주지 않았다고 한다. 이별로 고통을 겪고 있다면 단순한 활동에 집중해보자.

2. 기록하고 보관한다.

아픔을 기록해보자. 형식을 갖출 필요는 없다. 기록하면서 정신이 정화되고 마음이 정리되어 내려놓을 수 있다. 기록은 반성할 시간을 갖게 하고 진정한 휴식을 가져다 줄 것이다.

이별의 달인이 되면 사는 게 편해진다. 마치 그물에 걸리지 않는 바람과 같은 삶을 살게 된다. 이별은 아픔이 아니다. 또 다른 시작이다. 우리는 어제와 이별했고, 오늘과도 이별하고 있다. 이별은 일상이다. 이별의 달인이 되어 상처가 들어올 틈을 만들지 말자.

I m as happy as I can be.

Q 중학교 선생님에 대한 트라우마가 아직도 있어요.

A 중학교 때 남자 선생님께 뺨을 맞은 상처로 고통을 겪고 있는 분과 상담을 한 적이 있습니다. 그 분은 선생님을 경멸하고 있었습니다. 40대 중반을 넘어선 나이인데도 그 시절 이야기만 나오면 분노를 참지 못하고 눈물을 흘렸습니다. 당시 선생님이 묻는 질문에 눈도 마주치지 않고 대답도 하지 않는다는 이유로 맞았다고 합니다. 그 상황에 따른 오해 때문에 아직까지도 분이 풀리지 않는다고 말을 합니다.

이런 경우 '빈 의자 기법(게슈탈트의 상담기법으로 그 자리에 상처를 준 사람이 앉아 있다 상상하고 그와 대화를 나누는 기법)'을 이용하여 극복하는 방법을 연습하게 합니다. 이 방법이 부담스럽다면 혼자 있는 시간에 그때의 분노를 한번 쏟아내 보십시오. 욕도 하고 울기도 하면서 말입니다. 그렇게 여러 차례 시간을 보내고 나면 감정이 훨씬 희석되어 자신을 통제할 수 있게 됩니다. 동시에 끊임없이 자기 성찰을 해 보십시오. 부정의 트라우마를 긍정의 트라우마로 바꾸는 것이 쉽지 않겠지만, 언젠가는 웃으면서 이야기할 수 있는 날이 반드시 올 겁니다.

5장
일상에서 찾는 1%의 행복

01
일어나지 않을 걱정은 그만하자

2012년 12월 '지구 종말론'이 세상을 강타했다. 과거 수많은 종말론이 있었지만, 이번만큼은 과학적 근거와 역사적 해석들이 뒷받침되어 그럴 듯해 보였다. 종말론은 빠르게 퍼졌고 종말을 대비해 사람들은 지하벙커를 만들고, 비상식량을 준비했다. 호기심 반, 우려 반으로 기다렸던 종말의 날 2012년 12월 21일, 세계인은 어제와 같은 평온한 겨울 아침을 맞이했다. 나는 그런 종말론이 있는지도 모르고 가족과 평범한 하루를 보냈다. 그동안 1997년 대예언, 1999년 20세기 마지막 날 종말론 등이 있었지만 해프닝으로 막을 내렸다. 오늘도 역시 해가 뜨고 무슨 일 있었냐는 듯 세상은 돌아가고 있다. 당시 눈물 흘리며 종말을 준비했던 사람들은 무엇을 하고 있을까?

종말론처럼 일어나지도 않을 일들을 걱정하는 사람들이 우리 주

변에 참으로 많다. 작은 걱정으로 끝나면 다행인데 걱정이 걱정을
물어와 더 큰 걱정을 시작한다. 물론 어느 정도 상상력은 필요하다.
하지만 끊임없는 상상력 과잉은 자신을 갉아먹고 무서운 범죄도 서
슴지 않고 저지르게 한다.

어느 유명기업이 논쟁의 중심에 섰다. 그 기업 사장의 아내(사모)
가 인면수심의 범죄를 저질렀기 때문이다. 죄목은 살인교사다. 사위
가 바람을 피우고 있다고 의심을 하기 시작한 사모는 심부름센터에
의뢰하여 사위를 감시한다. 사모가 의심한 사위의 바람 상대는 먼
친척인 평범한 여대생이었다. 둘은 먼 친척이라 만날 일도 없었고,
심부름센터에서도 특별한 징후가 없었다고 했다. 하지만 사모는 여
대생이 심부름센터 직원을 속이기 위해 학교 담장을 넘어 다니며 사
위와 바람을 피우고 있다고 생각했다. 사모의 마음껏 부풀려진 상상
력은 여대생 살인 교사로 끝이 났다. 사건 발생 후 여대생 아버지의
힘겨운 노력으로 심부름센터 직원이 잡히고, 사모가 살인 교사한 사
실이 세상에 알려진다.

상상력과 걱정의 과잉이 끔찍한 범죄로 이어진 안타까운 사건이
다. 이것은 무서운 병이며 남에게 심각한 피해를 줄 수 있다.

"여자의 육감은 정확하다"며 남편을 몰아세운 Y씨. 그녀의 남편은 주류합동납품업체 직원이었기 때문에 직업 특성상 여자 사장님들과 접촉이 많은 편이다.

치열한 영업세계에 살아남으려면 친절은 기본이라 Y씨 남편 역시 친절함이 몸에 배어 있었다. 결혼 후, 자신이 우려했던 일들이 실제로 몇 번 일어나자 그녀는 남편의 말보다 자신의 육감을 더 믿게 되었다.

그러던 어느 날, 단골 가게에서 술이 떨어지자 밤에 배달해 달라 요청했고, 그 시간에 나가는 남편을 보면서 바람을 피운다고 의심하게 된다. 상상이 꼬리에 꼬리를 물고 '가정을 지켜야 한다'고 결론을 내린 그녀는 남편에게 그 일을 그만둘 것을 종용했다. 처음에는 남편도 아내를 이해했지만 계속되는 의심에 더 이상은 못 참겠다며 이혼을 요구하고 있다. 근거 없는 육감과 걱정의 과잉이 만들어낸 갈등이다.

인류는 걱정과 함께 발전해왔다. 인류에게 걱정이 없었다면 지금처럼 발전하지 못했다. 매일 낙관적인 생각에 빠졌다면 미래를 준비하지 못하고 멸종된 동물들과 같은 운명에 처했을 것이다. 이러한 걱정의 장점에도 불구하고, 걱정의 과잉은 많은 사람에게 상처를 입히게 만든다.

마스뇨 순묘 저자가 쓴 《9할, 걱정하는 일의 90%는 일어나지 않는다》라는 책 제목처럼 걱정하는 일 90%는 실제 일어나지 않는다. 혹시 일주일 전에 무엇 때문에 걱정했었는지 기억나는가? 그 걱정했던 일이 실제 일어났는가? 무슨 걱정을 했는지조차 기억나지 않을 것이다. 이처럼 일어나지도 않을 일들 때문에 하루에도 수십 번 걱정을 한다. 현재를 즐기기보다 고민과 걱정으로 시간을 보내며 살아가는 우리다.

지인 중에 스트레스 전문 강사가 있다. 그녀는 걱정이 하나도 없는 사람처럼 늘 밝고 활력이 넘쳐 함께 있으면 기분이 좋아진다. 그래서인지 그녀의 강의는 인기가 많고 늘 주변에는 사람들이 북적인다. 그녀도 사람인데 어떻게 스트레스를 안 받고 걱정이 없겠는가. 그녀에게 현재를 즐기고 걱정을 줄이는 방법이 무엇이냐고 물었다.

"늘 감사합니다를 외치는 거예요. 바빠서 걱정하고 있을 틈도 없지만, 여유가 생기면 책을 읽으면서 시간을 보내요."

문제는 대부분 타인이나 외부에서 주어진다. 만약 다른 사람 때문에 걱정할 일이 생기면 "감사합니다"라고 외쳐라. 방법은 간단하다. 걱정이 꼬리에 꼬리를 물고 들어오지 않는다. 타인으로 인해 내가 고민하고 생각할 시간이 생겼으니 얼마나 감사한 일인가. 잠시 생각할 시간을 갖고 걱정할 것인지, 걱정하지 않아도 될 것인지 취사선택을 하면 된다. 건강한 걱정이 있기에 발전이 있고, 준비도 할 수 있다. 그래서 걱정에 감사해야 한다.

그렇다면 걱정해야 될 일과 걱정하지 않아도 될 일을 어떻게 구분하고, 지나치게 걱정이 될 때는 어떻게 해야 될까? 실제 일어날 일을 선택해서 걱정하는 지혜가 필요하다. 상담을 할 때 지나치게 걱정하는 사람들에게 늘 상(像)에 현혹되지 말라고 조언한다. 상은 하나의 겉모습이다. 겉모습만 보고 걱정부터 한다면 당연히 행동이든 생각이든 도를 넘어설 수밖에 없다. 상 뒤에 숨겨진 본질을 볼 수 있어야 한다. 본질을 볼 수 있다면 패턴을 읽어낼 수 있고, 패턴을 읽어내면 얽혀 있는 인과관계(因果關係)도 읽을 수 있다. 정확한 결과를 미리 알게 되면 적절한 준비를 할 수 있게 된다.

일어나지도 않을 걱정은 하지 말자. 우리 삶은 오늘을 살기도, 현재를 즐기기에도 짧다. 그리고 사랑을 나누기는 더욱 더 짧다.

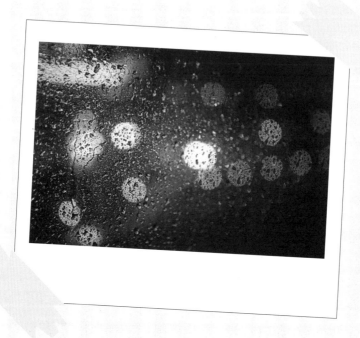

I'm as happy as I can be.

02
독서는 행복으로 가는 프레임을 준다

　같은 문제가 터져도 대응 방법에 따라 삶은 달라진다. 그래서 선택은 노력보다 중요하다. 대응 방법은 많으면 많을수록 당연히 유리하다. 대응 방법이 오직 돌파밖에 없다면 어떤 일이든 돌파만 한다. 모든 일을 돌파만 하면 많은 상처가 남는다. 때에 따라 우회하거나, 천천히 가거나, 물러설 수 있어야 한다. 이처럼 다양한 문제해결 방법을 '프레임(frame)'이라 부른다. 프레임이 많으면 많을수록 문제해결에 있어 최상의 것을 선택해 시간과 비용, 감정을 아낄 수 있다.

　경험을 통해 프레임을 만든다면 가장 좋지만, 현실적으로 시간과 비용의 한계가 따른다. 그래서 나는 다양한 프레임을 만드는 재료로 '독서'를 추천한다. 책을 통해 세상을 바라보는 다양한 시각을 배울 수 있다.

하지만 현실은 어떠한가? 서점에 가면 아이가 엄마에게 동화책을 사달라고 조른다. 엄마는 글도 몇 줄 없고, 그림만 있는 동화책을 구매하기 부담스러워 여기 있는 동안 다 읽으라고 채근한다. 경제적인 관점에서 본다면 엄마는 효율적인 판단을 한 것이다. 몇 분이면 볼 수 있는 동화책을 살 필요가 없다는 생각이다.

시간이 흘러서 청소년이 된다. 학생이 되면 학교 공부하기도 바쁘다. 시험에 나오는 고전이나 학교에서 읽으라고 정해준 필독서들은 요약본으로 대신한다. 조정래 작가의 《한강》, 《아리랑》, 《태백산맥》에는 1000여 명의 인물이 나온다. 1000여 명의 삶이 그 안에 담긴 것이다. 1000여 개의 갈등이 존재하고 그것을 풀어내는 방법도 1000여 개지만, 그런 것들을 배우고 느껴볼 틈도 없이 속도와 성공만을 예찬하는 사회에서 청소년들의 목표는 오직 수능을 잘 보는 것뿐이다.

이렇게 성장한 사람이 어떻게 독서의 맛을 알 수 있겠는가. 모두 잘 알고 있듯 우리나라 성인 한 달 평균 독서량은 0.8권에 불과하다. 몇 년 전만 해도 지하철에서 책을 읽는 사람을 볼 수 있었지만, 스마트폰이 출시된 이후로는 책을 보는 사람이 특별해 보인다.

갈등이 많은 삶은 불행한 삶이 아니다. 갈등을 건강하게 해결해주면 새로운 목표가 생기고 활력이 생긴다. 불행한 삶은 갈등을 제대로 해결하지 못하는 삶이다. 평소 독서를 통해 다양한 프레임을 만들어놓지 않으면 갈등이 생겼을 때 좌절할 수밖에 없다.

"외로울 때마다 읽고, 흔들릴 때마다 읽었다. 책은 날마다 습관처럼 세포에 기억되고 근육에 기억되었다. 책은 산삼보다 힘이 셌다. 어느 순간 나는 가시밭길을 지나 무성한 숲을 만나고, 사막을 지나 오아시스를 만났다. (중략) 나는 흔들릴 때마다, 그리고 막연할 때마다 책을 잡았다. 책을 읽으니 세상이 잡혔다. 세상을 잡으니 행복도 찾을 수 있었다. 뜻밖의 좋은 세상이 열렸다. 보너스 인생이다. 이 귀한 보너스 인생을 잘 가꾸기 위해 나는 여전히 책을 잡고 있다."

사업에 실패해 가장 힘들 때 책이 다가왔다고 말하는 다이애나 홍 저자의 《세종처럼 읽고 다산처럼 써라》의 일부이다. 책을 잡아야 뭐든지 아름답게 피어난다고 말할 정도로 다이애나 홍은 독서를 통해 행복한 삶을 살아가고 있다. 자살까지 생각했던 그녀는 지금 대한민국 독서 디자이너 1호로 바쁘게 살고 있다.

독서로 삶이 바뀌는 경우가 어디 다이애나 홍 대표밖에 없을까. 운명을 바꾼 사람들은 저마다 가슴속에 한 권의 책이 있다. 책 전체 내용은 기억하지 못해도 그 책에 나의 삶을 바꿔준 문장 한 줄이 있다면 족하다. 그 책이 한 권 한 권 쌓일수록 좀 덜 고민하고 좀 더 행복해질 수 있다.

책을 통해 행복으로 가는 프레임을 발견한 할아버지 이야기가 방송을 탔다. 2014년 8월 SBS 〈세상에 이런 일이〉에 소개된 82세 신문 배달원 오광봉 할아버지는 30대 때 불의의 사고로 한쪽 손이 불편해졌다고 한다. 하지만 신문 배달을 하는 내내 얼굴에 웃음꽃이 지지 않는다.

적은 월급과 불편한 몸으로 살고 있지만, 할아버지가 행복하고 여유 있는 표정을 하는 비밀은 그의 작은 방에 있다. 그 방 안에는 2000권이 넘는 책이 쌓여 있었다. 월급의 3분의 1을 책을 사는데 쓴다는 할아버지는 신문 배달이 끝나면 하루도 빼놓지 않고 책을 읽는다고 했다.

할아버지는 보는 책을 들어 보이며 PD에게 물었다.

"PD 양반, 플라톤 전집 41권 중에서 《향연》, 《국가》, 《파이돈》 읽어봤습니까?"

PD는 당황하며 "아니요"라 답한다.

할아버지는 충고하듯 말한다.

"정신이 가난하네요."

돈이 행복에 도움은 주지만, 절대적 조건이 아님을 이 할아버지를 통해 알 수 있다. 정신이 풍요롭지 못하면 행복할 수 없다. 할아버지는 풍부해야 할 것이 무엇인지 정확히 알고 있었다.

독서 자체로도 행복을 느낄 수 있다. 지적 쾌락, 공감, 다양한 감정, 자기계발 등 독서를 하면서 느끼는 행복이다. 독서 자체가 주는 행복을 느껴본 사람은 책에서 헤어 나올 수 없다. 중독 중에 유일하게 칭찬받는 것이 책 중독 아니겠는가. 책 선택, 독서, 독후 활동 또한 모든 과정이 행복이다. 고민을 줄이고 싶다면, 더 행복해지고 싶다면 책을 읽어라!

I'm as happy as I can be.

긍정의 생각을 많이 하면
좋은 일이 일어나는 당연함

개성 강한 개그맨 중 한 명인 KBS 〈개그콘서트〉의 이상훈 씨. 물리치료사로 활동하다 개그맨 공채에 합격하여 2011년에 데뷔한다. 29살로 데뷔하여 연예인을 시작하기에는 다소 늦은감이 있었다. 그가 눈에 들어온 것은 송병철 씨, 정태호 씨와 함께 '감사합니다'라는 코너를 할 때였다.

어떠한 상황에서도 "감사합니다"를 외치던 그는 이후 '후궁던', '시청률의 제왕', '핵존심' 등 개그콘서트 간판 코너에서 맹활약 중이다.

이상훈 씨의 인기를 실감할 때마다 '감사합니다' 코너를 잊지 못한다. 긍정의 언어인 '감사합니다'를 외치니 감사할 일이 계속 생기는 당연함을 보여준 것이다. 보통 감사할 일이 생겨야 '감사합니다'

라고 하는데, 먼저 '감사합니다'를 외치니 감사할 일이 생겼다. 이상훈 씨의 피나는 노력과 "감사합니다"를 외치며 했던 긍정의 생각이 지금의 그를 만드는데 한몫했다고 생각한다.

감사한 마음의 현실화는 우리 주변에 수없이 일어난다. 이 원리를 '끌어당김의 법칙, 우주의 법칙, 심상화 방법, 상상훈련' 등 다양한 이름으로 부르고 있지만, 긍정적인 생각을 많이 하면 실제 일어난다는 것은 너무나 당연한 인과관계이다.

보험영업사원으로 시작하여 지금은 보험종합컨설팅 대표가 된 남자가 있다. O대표는 동기부여 강의를 하면서 종종 자신이 어떻게 결혼하게 되었는지에 대한 이야기를 한다. O대표는 키가 작고 왜소한 데다가 일이 바빠 결혼이 늦어지고 있었다. 지금이야 35세가 늦은 나이가 아니지만, 당시에는 노총각이었다. 그러던 어느 날부터 O대표는 올해 ○월 ○○일에 결혼한다고 말하고 다녔다.

"저 ○월 ○○일에 결혼합니다. 축하해주세요."

"축하해요. 누구와 결혼하나요?"

"아직 없습니다. 하지만 분명 ○월 ○○일에 할 것입니다."

주변 사람들은 재미있는 사람이라 생각하고 말았다. O대표는 영업을 하면서 하루 5~7명의 사람을 만났는데 똑같은 말을 7개월간 반복했다. O대표가 걱정된 친구는 병원 간호사를 소개해주었다. 놀라운 일은 간호사도 O대표를 알고 있었고, 몇 개월 전 결혼할 거라 말을 들었다는 것이다. 둘의 소통주제가 O대표의 엉뚱함으로 통하자 빠르게 사랑에 빠졌다. 청혼하고 결혼까지 골인하는데 과연 O대표가 말한 날짜에 결혼했을까? 그렇지는 못했다. 신부 측에서 날짜를 잡아 그가 말한 날짜 전날 결혼식을 올렸다. 날짜야 어떻든 결혼에 골인했고 지금은 행복하게 살고 있다.

생각을 표현하는 방법은 2가지다. 첫 번째는 글이고, 두 번째는 말이다. O대표는 자신의 생각을 끊임없이 말로 표현했다. 그는 강의에서 자신의 결혼 일화는 기적이 아니라고 한다. 자신이 목표한 바를 많은 사람들에게 정확히 알리니, 실현되는 건 어떻게 보면 당연한 일이다. 반대로 부정적인 생각을 가지고 말과 행동으로 표현한다면 주변에 사람들이 떠나고 일이 잘 풀리지 않는 것은 당연한 일이다.

세상의 모든 일들은 당연히 그렇게 일어나게 되어 있다. 불가에서는 '연기(緣起)' 또는 '사무파타(samuppada)'라고 표현한다. 이 연기의 진리를 붓다는 간결하게 설명한다.

"이것이 있으므로 말미암아 저것이 있고, 이것이 생기므로 말미암아 저것이 생긴다."

긍정적인 일들이 긍정적인 생각을 하는 사람에게 생기는 건 당연한 일이다. 긍정적인 생각이 로또나 상품 당첨처럼 조건 없는 행운을 가져다주는 경우도 있지만, 기운과 세(勢)를 가져다준다고 생각하면 이해가 쉽다. 그것이 파동, 우주법칙, 확률이든 그렇게 될 수밖에 없는 '기세'를 주는 건 확실하다.

생각의 관점을 바꿔보자. 예를 들어 '무지개'라고 하면 '7가지 색'이 떠오른다. 어떤 일을 생각할 때 반자동적으로 부정적인 생각이 든다면, 관점을 달리해서 생각해보자. 관점 바꾸기가 차곡차곡 쌓이다 보면 긍정적인 생각은 습관이 된다. 그 생각을 글과 말로 표현하면 현실이 된다.

긍정적인 시각으로 현실을 직시하자. 자신의 상황을 돌아보고 다양한 상황을 객관화 해보자. 생각하는 각도를 1도만 바꾸어도 결과는 상상을 초월한다. 1도만 더 긍정적인 생각으로 하루를 살아보자. 그러면 언젠가는 180도 달라진 자신과 만나고, 그 생각과 똑같은 일들을 경험할 수 있을 것이다.

I'm as happy as I can be.

04
일과 쉼의 균형을 기획하라

70~90년대 초까지만 해도 많이 그리고 빨리 일하는 것이 미덕인 시대였다. 가난에서 벗어나기 위해 개인의 삶이 희생되었다. 이젠 시대가 변해도 한창 변했다. 주 5일제가 정착되고, 주말이면 전국 곳곳에서 축제가 열린다. 여름 휴가철이면 인천공항은 해외여행을 나가려는 사람으로 북적거린다. 20년 전에 비하면 사람들의 생활수준은 확실히 높아졌다. 하지만 많이 그리고 빨리 일하는 것이 미덕이라는 생각은 아직 바뀌지 않았다.

"빨리 퇴근하세요. 10분 후 불이 꺼집니다."

"퇴근하고 가족과 함께하세요. 곧 불이 꺼집니다."

뉴스에서 어느 대기업 퇴근문화를 소개한 한 장면이다. 직원들은 신속히 퇴근 준비를 한다. 야근을 없애기 위한 기업 나름의 노력이다. 만약 야근을 해야 하면 팀장에게 허락을 받아야 한다. 야근을 하면 일을 잘한다거나 애사심이 많은 것으로 평가하는 것이 아니라, 인사평가에서 감점을 준다고 했다. 분명 좋은 변화의 바람이었지만, 이 문화가 중소기업에까지 퍼지려면 얼마나 많은 시간이 필요할까 라는 생각이 들었다.

2014년 10월 서울에서 이색대회가 열렸다. 이름도 생소한 '멍 때리기' 대회다. 참가들은 3시간 동안 넋을 놓으면 된다. 잡담, 독서, 휴대폰 사용은 금지되고, 심장박동수를 재어 가장 안정적인 사람이 우승이다. 모두의 상식을 깨고 우승은 어른이 아닌 초등학교 2학년 학생이 차지했다. 이 대회는 머리를 쉬어주자는 의미에서 시작되었다고 한다.

우리의 뇌는 가장 편안할 때 창의적이 된다. 지금은 창조하는 능력으로 돈을 버는 시대다. 상상력으로 창조해낸 '뽀로로', 대학생들이 창조해낸 '페이스북' 등이 조 단위의 돈을 벌어다 주고 있다. 창조는 IT산업이나 캐릭터 상품에만 국한된 것이 아니다. 창조, 창의를 중요하다고 외치면서 그 원천인 뇌의 휴식은 허락하고 있지 않다. 이런 모순적인 행동들이 쌓이면 고민만 늘어날 뿐이다.

J대표는 스스로 일 중독자라고 인정하기까지 많은 시간이 걸렸다. 그는 일을 사랑했기에 지금 자리까지 올랐다고 생각한다. 일부

맞는 부분도 있다. 넉넉하지 못한 형편에 태어나 자신을 구제할 수 있는 건 돈밖에 없다고 생각했다. 아르바이트로 시작해 정직원을 거쳐 대표까지 되었다.

결혼도 했지만 일을 너무 사랑했다. 당연히 가정에 소홀해져 아내와 갈등을 일으킬 수밖에 없었다. 그때마다 J대표는 '누구 때문에 이 고생 중인데' 하며 일에 집중했다. 하지만 세월 앞에 장사 없는 법. 일에 대한 열정이 떨어짐을 넘어 '번아웃 증후군(burnout syndrome)'이 발생했다. 번아웃 증후군란, 일과 삶에 보람을 느끼고 신나게 일하던 사람이 어떤 이유에서건 무기력해지면서 돌연히 슬럼프에 빠지게 되는 현상을 말한다. 아무리 긴장하려고 커피를 마셔도 피로만 몰려오고 그동안의 삶이 허무하게 느껴졌다. 체력도 예전만큼 따라 주지 않았다. 일에 대한 열정도 회복될 기미가 보이지 않고 술로 시간을 보내고 있다. 아이들은 다 성장해 놀아줄 일은 없고, 아내는 자신의 권리를 찾겠다며 밖으로 돌고 있다.

J대표 사연을 듣고 우리나라 중년 남성들의 삶도 비슷하다는 생각이 들었다. 젊은 시절 일과 쉼을 병행했다면 번아웃 증후군까지 발생하지 않았을 것이다. 쉼도 해본 사람이 할 수 있는 법이다. J대표 사연을 알려준 지인에게 여행에서 자신과 만나라는 말을 전해주라고 했다.

일과 쉼의 균형에서 휴일을 빼놓고 이야기할 수 없다. 일주일은 7

일이다. 누구나 아는 사실이다. 근데 왜 7일일까? 일주일이 7일로 구성된 건 성경에 뿌리를 두고 있다. 성경 창세기에는 '하느님이 엿새 동안 천지 만물을 창조하고 일곱째 날에 쉬었다'라는 구절이 나오는데, 십계명에서 '안식일을 기억하여 거룩하게 지키라'고 했다. 기독교를 공인한 로마 황제 콘스탄티누스가 서기 321년 매주 첫째 날을 휴일로 정하는 법령을 발표하며, 7일째 날은 쉬는 날이 되었다. 주 7일은 종교적 개념에서 시작되었지만, 역사적으로 이에 관한 흥미로운 통계가 있다.

프랑스에서 기독교를 박해할 때 기독교도의 예배를 막기 위해 일주일을 10일로 만들어버렸다. 즉 9일 일하고 하루 쉬는 것이다. 그러자 생산성이 40% 떨어져 다시 일주일을 7일로 바꾸었다. 시간이 흘러 20세기 초 소비에트 혁명 때도 레닌이 일주일을 8일로 늘리자 생산량이 30% 감소했다. 다시 일주일을 6일로 줄이자 생산량이 30% 감소했다. 레닌도 일주일을 7일로 되돌렸다. 종교적 이유든 신체 리듬 이유든 우리는 7일 중 하루는 쉬어야 한다.

일주일의 개념을 다시 생각해보자. 주말도 없이 일하는 삶이 미덕인 시대는 지났다. 어쩌면 쉼 없이 일하며 생기는 신체적, 정신적 치유비용이 더 든다. 또한 가족 간에 소원해져 가정불화가 생길 수도 있다.

주 5일 근무 시행을 앞두고 기대와 우려가 많았다. 근로자들은 5

일 일하고 쉰다며 좋아했지만 평일에 집중해서 일하지 않으면 업무가 쌓였다. 그래서 평일에 더욱 집중해서 일해야 했다. 주 5일 시행 10년이 지났다. 정착했다고 볼 수 있다.

일과 쉼의 밸런스는 이렇게 시작되는 법이다. 처음이 어색할 뿐이다. 균형 잡힌 삶에서 좀 덜 고민하고, 좀 더 즐기자. 일주일에 하루쯤은 뇌가 창의력을 마음껏 발휘하게 휴식을 주자.

I'm as happy as I can be.

살아갈 이유는 누가 만들어주지 않는다

신명 나게 일하는 사람들은 왠지 그 일을 위해 태어난 사람 같다. 고액 연봉이 아니어도 다른 사람 칭찬이 없어도 신명 나게 일한다. 이런 사람들은 지금 하고 있는 일에서 살아갈 이유를 찾는 것 같다.

지방강의를 위해 기차역에 내려 택시를 탔다. 깔끔한 정장에 넥타이, 차분한 음성을 가진 운전사가 인사로 나를 맞이했다. 나는 첫 느낌을 중요하게 생각하는데, 느낌이 좋았다. 강의 장소로 이동하면서 이런저런 이야기를 나누다가 운전사의 직업 정신에 감동을 했다.

"저는, 저를 놓치고 앞 택시를 타는 사람들 보면 참으로 안타깝습니다. 저에게 탔으면 정말 즐겁고 행복했을 텐데요."

운전사의 옷차림, 태도, 차량 실내가 관리된 모습을 보면서 일의 자부심이 누구보다 강한 분이라는 생각이 들었다. 명함을 받아 집으로 돌아가는 길에 젠틀맨 기사를 불렀다. 물론 요청비 1000원을 더 냈지만, 그 이상의 즐거움을 얻었다. 이동 시간이 행복했던 출장길이었다. 그 기사님이 살아갈 이유 중 하나가 하루하루 다른 손님들에게 행복을 주는 일이라 생각된다.

100명을 붙잡고 살아갈 이유를 물어보면 아마도 100가지 답변이 나올 것이다. '사랑하는 가족을 위해', '자신의 꿈을 위해', '맛있게 먹어주는 사람을 위해' 등 다양한 답변이 나올 것이다. 거기에 틀린 답은 존재하지 않는다. 그 답은 모두 옳은 답이고 그 답을 따라 살아간다.

세계적인 투자가 피터 드러커는 13살에 특별한 질문을 받고 살아갈 이유를 고민했다고 한다. 수업 중 필리글리 신부는 "너희는 죽었을 때 어떤 사람으로 기억되기를 바라는가?"라고 물었다고 한다. 13살 학생들은 신부님 질문에 대답을 할 수 없었다. 답이 없자, 필리글리 신부가 말했다.

"지금 너희가 나의 질문에 대답할 수 있다고는 생각하지 않는다. 그러나 너희가 만약 50세가 되어서도 이 질문에 대답하지 못한다면 곤란하다. 왜냐하면, 너희는 너희 인생을 완전히 낭비하며 산 셈이 되니까."

이 질문을 받고 피터 드러커는 그때부터 살아갈 이유를 고민하며 살았다고 한다. 살아갈 이유는 누구도 아닌 자신이 찾는 것이다. 그것을 스스로 찾은 피터 드러커는 지금까지도 세계적인 영향력을 발휘하고 있다.

"살아갈 이유를 알고 있는 사람은 어떠한 상황에도 참고 견디어 나갈 수 있다."

철학자 프리드리히 니체의 말이다. 세상이 각박해지면서 자살을 가볍게 생각하는 사람이 늘어났다. 이때 살아갈 이유가 있는 사람은 견디게 된다. 인내하는 건 물론, 자기 발전을 위해 절제하고 자신을 돌아보게 된다.

삶의 원동력이고 반성하는 힘을 주는 '살아갈 이유'를 남이 만들어준 대로 사는 사람이 있다. 상담소에 여대생 신민지(가명) 씨가 왔다. 통통한 얼굴에 하얀 피부, 수줍은 듯 붉어진 볼이 예쁜 24살 아가씨였다.

상담하다 보면 문제의 원인을 이미 아는 사람들이 있다. 민지 씨가 그런 예다. 졸업반으로 무엇 하나 해놓은 일 없다고 했다. 대학 진학과 학과 선택도 부모님과 선생님이 해주셨다. 처음에는 그럭저럭 학교생활이 즐거웠다. 하지만 차츰 전공 공부에 회의가 느껴져 동아리 활동을 시작했다. 그녀는 정직한 이미지 덕택에 간부가 되었다. 처음으로 남 앞에 서는 일을 하게 되어 기뻤다. 하지만 동아리 일이 점점 늘어나고 자신에게 모든 일이 떠맡겨지자 이용당하고 있다는 느낌이 들어 동아리 활동도 접었다. 그렇게 시간이 흘렀다. 민지 씨는 스스로 진단을 내렸다.

'여태까지 남들이 정해준 길만 갔고 남들이 시키는 일만 했구나!' 나 역시 비슷한 진단을 내리고 상담에 들어갔다.

민지 씨에게는 '살아갈 이유'가 없었다. 우선 '착한 사람 콤플렉스'에서 벗어나기 위해 조금은 까칠하게 행동하라고 조언했다. 그녀에게 자신을 사랑하고 24년간 고생한 자신을 위해 혼자 밥도 먹고 영화도 보라고 했다. 몇 주 후 그녀는 사람들에게 시달리는 일이 줄었다고 말했다. 나는 조심히 '살아갈 이유'를 찾으라고 조언했다. 마음이 열렸는지 지문정밀검사와 다양한 검사를 성실히 수행했다. 검사 결과에 맞춰 기질에 맞는 직업을 알려주고 살아갈 방향을 스스로 만들라는 숙제를 주었다.

살아갈 이유 중 많은 사람이 '가족을 위해'를 꼽는다. 나 역시 살아갈 이유 중 가족은 무엇과도 바꿀 수 없는 절대적인 존재이다. 하지만 가족을 핑계로 살아갈 이유를 만들면 안 된다.

자신이 왜 살아야 하는지는 혼자 찾아야 한다. 내 인생의 주인은 '나'이기 때문이다. 책이 되었든, 영화가 되었든, 대화가 되었든, 살아갈 이유를 만들 수 있도록 다양한 경험을 해보자. 그 안에 닮고 싶은 사람이 있거나, 공헌하고 싶은 것을 선택한다면 살아갈 이유를 만드는 데 도움이 된다.

살아갈 이유가 무엇이든 정답은 없다. 하지만 그 이유는 만들어 놓을 필요가 있다. 이유가 있다면 힘들 때 견디는 힘을 주고, 내일을 생각할 수 있는 힘이 생기기 때문이다.

I'm as happy as I can be.

06
강요를 거절하는 당연한 권리

'인생에 정답은 없다.'

누구나 아는 말이다. 고로 인생을 사는 방법에도 정답이 없다. 하지만 세상은 천편일률적인 정답을 내놓고 다양한 방법으로 강요하고 있다.

10년 전《아침형 인간》이 큰 유행을 했다. 책이 베스트셀러가 되면서 방송 등 언론에서 아침형 인간을 예찬했고 조찬모임들이 우후죽순처럼 생겨났다. 온 국민이 아침형 인간이 되지 않으면 안 될 것 같은 분위기였다.

캐릭터를 그리는 J작가가 있다. 그는 업체 외주를 받아 캐릭터를 그리면서 돈을 번다. 그의 기상 시간은 오후 3시다. 아침형 인간도 아니고 '9시 출근, 6시 퇴근'인 삶도 아니다. 낮에 일하면 한가한 마음이 들어 집중할 수 없다는 게 그의 말이다. 그날의 느낌과 집중도에 따라 캐릭터가 다르게 나오니 집중이 잘되는 밤에 일한다. J작가는 아침형 인간이 아니므로 잘못 살고 있다고 할 수 있을까? 그는 아침형 인간으로 살지 않아도 된다. 그에게 아침형 인간은 오히려 마이너스가 될 수 있다.

강요를 거절하는 당연한 권리는 세상이 정답이라 강요하는 것을 하지 않을 당연한 권리다. 아침형 인간은 정답이 아니다. 저자 사이쇼 히로시가 아침형 인간으로 살면서 느꼈던 장점을 공유하기 위해 쓴 책일 뿐이다. 이것이 온 국민의 행동지침인 양 행동하고 그것을 강요받고 살고 있지 않나 생각한다.

〈여러 가지 문제연구소〉를 운영하며 대한민국 대표 문화심리학자인 김정운 소장. 그의 저서 《노는 만큼 성공 한다》에는 3명의 인물 비교가 나온다.

A) 부패한 정치인과 결탁한 적이 있고, 점성술로 중요한 결정을 내리며, 부인이 두 명이다. 매일 줄담배를 피우고 하루에 마티니를 9~10병 마시며 알코올중독이 의심된다.

B) 청중이 있어도 야한 농담을 자연스럽게 던진다. 정오까지 늦잠을 자며, 한때 마약을 복용하고 매일 위스키 4분의 1병을 마신다. 이 사람 역시 시가를 입에 물고 산다.

ⓒ 채식만 하고 담배도 피우지 않는다. 맥주만 조금 마신다. 금욕을 실천하고 죽을 때까지 단 한 명의 애인만 사귀었다.

A, B, C는 같은 시대의 인물이다. 표면적으로 본다면 C의 삶이 가장 정직하고 다른 사람에게 추천해주고 싶은 삶이다. 이젠 A, B, C가 누군지 살펴보자. A는 위기 때 탁월한 지도력을 발휘했다고 평가받는 미국 루스벨트, B는 유럽을 나치에서 구한 처칠, 마지막 C는 20세기 인류의 악마라 불리는 히틀러다.

세 명의 인물 비교를 읽고 깊은 생각에 잠겼다. 히틀러는 인류사 최악의 원흉이다. 하지만 그의 삶은 수도승 같이 절제되어 있었다. 세 명의 인물을 끄집어낸 건 세상이 옳다고 생각하는 생활방식이 아니라, 그 사람의 본질(마음)이 중요하다는 것을 알려주기 위함이다.

만 명의 사람이 있다면 만 개의 개성이 존재하는 법이다. 만 명 모두에게 똑같이 적용되는 건 사람이기에 언젠가 죽는다는 것뿐이다. 베스트셀러와 언론들이 만들어 놓은 강요를 거절할 수 있어야 덜 고민하는 삶을 살 수 있다. 내 본질에 맞는, 나에게 필요한 것을 취사선택하면 될 뿐이다.

유행을 따르지 않으면 시대에 뒤떨어지는 것 같아 불안한가? 유행은 언제나 바뀌기 때문에 그것에 적응하기 위한 일정한 시간이 필요하다. 적응하다 싶으면 유행이 바뀐다. 차라리 유행을 만드는 편이 더 빠르다. 그렇지 못한다면 개성을 발휘하는 게 개인에게나 사회에

나 도움이 된다.

스마트한 세상이 열리면서 곳곳에서 스마트기기들이 나온다. 자동차에도 스마트 기능들이 추가되었다. 자동차에 있는 다양한 스마트 기능 중 운전자가 얼마나 사용하는지 조사한 결과가 뉴스에 방영되었다. 놀랍게도 90% 넘는 기능들을 사용하지 않고 있다고 한다.

집에 있는 TV만 해도 그렇다. 정말 다양한 기능이 있고 스마트폰과 연결해 여러 가지 서비스를 받을 수 있다. 하지만 정작 사용하는 기능은 4가지 내외다. 젊은 사람들도 6개 내외만 사용한다. 자동차 기능과 TV 기능처럼 나에게 꼭 필요한 것만 내 삶에 받아들이면 된다. 그 외 다른 것은 눈길도 줄 필요가 없다.

마케팅 기술들이 발전하면서 광고인지도 모르게 광고에 노출되며 살고 있다. 내가 겉으로는 결정권을 가지고 있는 것 같아 보이지만 교묘하게 강요당하고 있는 것이다. 더욱이 SNS가 일상화되면서 마케팅은 더욱 정교해졌다. 알게 모르게 번져 있는 강요들을 거절하는 지혜가 필요하다. '당연함은 존재하지 않는다'는 생각을 갖고 가끔 혼자가 되더라도 강요를 거절하자. 그것은 나의 당연한 권리이다.

세상에는 이해와 설득, 보편타당함이 전제되어 있지 않은 것이 넘쳐난다. 이젠 필요한 건만 선택하면 된다. 흐름에 따라 이리저리 흘러간다면 결국 세월만 잃어버리고 내가 누군지도 모른 채 살 수밖에 없다. 세상이 만든 다양한 강요를 거절하는 '당연한 권리'로 자신을 보호하자.

I m as happy as I can be.

07

행복은 생각보다 가까이 있다

상담실을 운영하다 보면 참으로 다양한 삶들을 만난다. 제각각의 사연을 들어보면 눈물 없이 들을 수 없는 사연도 있고, 남들이 볼 때는 별것 아닌 일로 밤새 고민하는 사연도 있다. 상담은 경청을 기본으로 하기에 이야기에 집중하다 보면 어느덧 내 삶과 비교하기도 한다.

'나라면 저렇게 극복할 수 있었을까?'

'저 상황에서 어떻게 웃을 수 있었을까?'

생각은 꼬리에 꼬리를 물고 이어진다. 하지만 결론은 똑같다. 행복은 절대 멀지 않다는 것이다. 어쩌면 가까이 있기에 우리는 모르는 것이다. 가까이에 있다는 걸 깨닫기까지 대부분 먼 길을 돌아온다.

예쁘고 꿈 많았던 여대생이 교통사고를 당한다. 이 여대생의 이름은 이지선 씨다. 교통사고로 전신 55%에 3도의 중화상을 입었다. 40번의 수술 끝에 기적처럼 살아났지만, 화상의 흔적은 얼굴에 고스란히 남아 있다. 꾸미기 가장 좋아할 나이에 당한 사고였다. 이 사고로 좌절할 수도 있었지만 그녀는 오뚜기처럼 우뚝 일어선다. 그녀가 일어설 수 있는 건 남아있는 삶의 그림들을 완성하기로 마음먹었기 때문이라고 했다.

이런 자신의 사연을 담아 노란 기린이 그려 져 있는 예쁜 책《지선아 사랑해》를 펴냈고, 많은 사람들에게 알려졌다. 지금은 UCLA 대학원에서 사회복지학 박사 과정을 밟으며 타인에게 나눠주는 삶을 공부하고 있다.

KBS 〈힐링캠프〉에 출현한 이지선 씨에게 진행자가 물었다.

"어떻게 사고를 당했습니까?"

"사고를 당한 것이 아니라 만난 것입니다."

죽음 직전까지 갔던 사고를 '만난 것'으로 생각하는 그녀의 표현에 놀랐다. 사고 후 행복은 가까이 있다는 걸 느꼈기에 사고를 만난 것이라 표현했다. 우리는 조금이라도 안 좋은 일이 발생하면 불행하다고 쉽게 말한다. 하지만 더 불행한 상황에서도 행복을 찾은 사람이 있다는 것을 모르고 사는 것은 아닌지 반성하게 된다.

세계적인 인간생태학자 칼 필레머는 1000명이 넘는 70세 이상의 노인을 대상으로 설문조사를 했다. 그리고 총 30가지 지혜의 정수를 뽑아 정리한《내가 알고 있는 걸 당신도 알게 된다면》을 펴내며 행복은 오늘 그리고 여기, 가까이에 있다는 메시지를 전했다.

"좋은 것도 나쁜 것도 다 삶의 조각들이고, 그 조각들이 맞춰져 온전한 삶이 만들어지는 거야. 그 삶은 무엇과도 바꿀 수 없지. 자네도 알겠지만, 희망은 지금 이곳에서, 자네가 만드는 거야. 불행할 게 뭐 있어? 오늘 이곳에서 가능한 한 행복해지는 것. 그것이 내가 해야 할 일이라네."

칼 필레머 교수가 인생 선배들에게 물었다.

"어떻게 살아야 행복해집니까?"

선배가 대답한다.

"오늘 이곳에서 가능한 한 행복해지는 것, 그것이 지금 해야 할 일이야."

우문현답이라는 느낌이 든다. 행복해지는 건 오늘 이곳에서 행복해지면 된다. 멀리서 찾을 것도 없다. 멀리서 찾는다면 절대 나타나지 않는 게 행복이다. 누군가 '우리가 세상에 태어나 유일하게 해야 할 일은 행복해지는 것이다'라고 말했다. 가까이에서 찾자.

얼마 전 인터넷을 달군 사진 하나를 발견했다. 50대 후반으로 보이는 남자가 법정에 서서 오열하고 있었다. 사진의 주인공은 류한이라는 중국 재벌이다. 그의 자산은 7조 원대로 알려졌다. 그는 폭력조직을 이끌면서 8명을 살해한 협의로 중국 법원은 그에게 개인 재산 전액 몰수와 사형을 선고했다. 그 사진은 사형선고를 받은 직후였다.

형장에 이슬로 사라지기 전 가족과의 면담에서 "다시 한 번 인생을 살 수 있다면 작은 가게를 차리고 가족을 돌보고 싶다. 내 야망이 너무 컸다"고 눈물을 쏟았다고 한다. 큰 재산이 있어도 다음 생애는 작은 가게를 차리고 가족을 돌보겠다 하니 그의 삶에서 언제가 가장 행복했을까 생각했다. 아마 가족을 돌봤을 때라 생각된다.

심리학자로 인간의 폭력성의 정점에서 삶의 의미를 풀어낸 빅터 프랭클 박사.《죽음의 수용소에서》라는 책에서 전 세계인에게 삶의 의미를 자각시켜 주었다. 악명 높은 아우슈비츠 감옥에서 자신의 실존에 대한 물음들과 그 답을 찾기 위해 폭력, 핍박, 죽음의 공포, 추위, 배고픔, 멸시를 극복해 나간다.

하지만 그것을 극복해주는 수단은 매우 평범했다. 하루에 딱 5분 혼자만의 시간을 갖고 해가 지는 모습, 주변 나무들이 변화하는 모습을 보며 현재의 행복을 찾았다.

속도를 예찬하는 세상에 살고 있다. 서두르면 목적지에 빨리 도착할 수 있지만, 주변에 꽃들과 함께 온 사람들을 돌보지 못한다. 천천히 가는 사람들은 꽃을 보고 함께 온 사람들과 행복을 나눈다. 속도를 줄이고 생각보다 가까이에 있는 행복을 즐기자. 행복을 즐기는 것, 그것이 우리가 이 세상을 살아가는 이유다.

I m as happy as I can be.

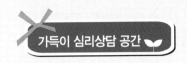

Q 정신없이 바쁜 워킹맘입니다. 틈틈이 할 수 있는 치유가 있나요?

A 힘들더라도 자기성찰을 하셔야 합니다. 치유라는 것은 많은 의미를 내포하고 있습니다. 상처로 비유해서 설명해 드리겠습니다. 흔히 상처가 났을 때 연고를 바르고 제때 소독하면 새로운 살이 돋아나와 상처가 낫습니다. 물론 상처 크기에 따라 흉터를 남기느냐, 남기지 않느냐의 차이는 있습니다. 상처가 크면 클수록 시간도 오래 걸립니다. 눈으로 보이는 상처보다 눈으로 보이지 않는 내면의 상처는 더 다양하고 깊이도 알 수 없습니다. 스스로 치유를 하는데 도움이 되려면 가장 먼저 자신이 어떤 기질과 성격을 가진 사람인지를 알아야 합니다. 여러 가지 방식이 있지만 저는 지문적성 검사를 합니다.

자신이 어떤 사람인지를 인지하시는 게 우선입니다. 흔히들 알아차림이라고 표현하는데, 자신을 알아차리는 데는 시간이 필요하고, 여러 차례 상담을 받으시면 좋습니다.

그런 다음 하루에 15분씩 명상을 하는 것이 좋습니다. 그 과정이 익숙해지면, 언제든지 어느 곳이든 힘든 일이 생기더라도 자기를 돌아보고 스스로 치유할 수 있는 힘이 생깁니다.

어느 지역 꽃 축제 마지막 날에 관람객들에게 꽃을 무료로 나누어 주었다. 불과 몇 분전까지만 해도 아름다운 꽃을 본 사람들이지만, 꽃을 나눠준다는 방송을 듣고 화분 하나라도 더 얻어가기 위해 수백 명이 옷자락을 붙잡고 싸우는 장면이 뉴스에 나왔다. 다행히 다친 사람은 없었지만 행사장은 아수라장이 되었다. 인터뷰에서 꽃을 나눠준 담당자의 짧은 한마디가 우리 현대인의 모습을 대변해주고 있다.

"사람들이 꽃을 볼 여유가 없어서 그런 것 같아요."

여유는 마음에서 나온다. 꽃을 보고 여유를 가졌다가도 욕심이 생기면 화분을 하나라도 더 얻기 위해 기꺼이 전쟁터로 나간다. 이처럼 현대인은 마음이 각박하다. 각박해진 마음을 평소 훈련하고 천천히 가는 법을 알았다면 싸움을 피하고 지금 눈앞에 있는 꽃에게 집중했을 것이다.

우리가 태어난 유일한 이유는 행복하기 위해서다. 행복은 여유 속에서 꽃핀다. 집에서 빈둥거리고 시간이 무한정 있는 듯 사는 게 여유가 아니다. 자신에게 주어진 삶에 충실하고, 휴식이 필요할 때 쉼에 충실한 삶을 말한다. '충실하다'의 의미는 눈앞에 있는 것에 집중하는 것이다.

'지금 현재'에 집중하는 것이 그리 쉽지만은 않다. 순간순간 수많은 잡념들이 자신도 모르게 현실을 뒤엉키게 만들기 때문이다. 하지만 '선택과 집중' 이것이 도와줄 것이다. 모든 것에는 인내와 노력이 필요하다. 눈앞에 있는 그것에 충실하다면 여유는 물론 행복한 삶도 가능하다고 믿는다. 이 책이 그런 삶에 미약하나마 도움이 되었으면 하는 바람이다. '오늘' 하루에 집중하세요!

감사합니다. 그리고 사랑합니다.

혼자 견디는 나를 위해

초판 1쇄 | 2015년 11월 11일

지은이 | 박경은
펴낸이 | 이금석
기획 · 편집 | 박수진
디자인 | 김경미
마케팅 | 곽순식
물류지원 | 현란
펴낸곳 | 도서출판 무한
등록일 | 1993년 4월 2일
등록번호 | 제3-468호
주소 | 서울 마포구 서교동 469-19
전화 | 02)322-6144
팩스 | 02)325-6143
홈페이지 | www.muhan-book.co.kr
e-mail | muhanbook7@naver.com

가격 13,000원
ISBN 978-89-5601-395-4 (03320)

잘못된 책은 교환해 드립니다.
※ 표지에는 우아한형제들에서 제공한 배달의민족 한나체가 적용되어 있습니다.